# SOCRATE

## FONDATEUR DE LA SCIENCE MORALE

> « Les mêmes pensées poussent quel-
> « quefois tout autrement dans un
> « autre que dans leur auteur. »
> PASCAL.

PAR

### EMILE BOUTROUX

MAÎTRE DE CONFÉRENCES A L'ÉCOLE NORMALE SUPÉRIEURE.

---

ORLÉANS
IMPRIMERIE PAUL COLAS
VIS-A-VIS DU MUSÉE

1883

# SOCRATE

FONDATEUR DE LA SCIENCE MORALE.

EXTRAIT DU COMPTE-RENDU
De l'Académie des Sciences morales et politiques
(INSTITUT DE FRANCE)
Par M. Ch. VERGÉ,
Sous la direction de M. le Secrétaire perpétuel de l'Académie.

# SOCRATE

## FONDATEUR DE LA SCIENCE MORALE

« Les mêmes pensées poussent quel-
« quefois tout autrement dans un
« autre que dans leur auteur. »
PASCAL.

PAR

EMILE BOUTROUX

MAÎTRE DE CONFÉRENCES A L'ÉCOLE NORMALE SUPÉRIEURE.

---

ORLÉANS

IMPRIMERIE PAUL COLAS

VIS-A-VIS DU MUSÉE

1883

# SOCRATE

## FONDATEUR DE LA SCIENCE MORALE.

> « Les mêmes pensées poussent quel-
> « quefois tout autrement dans un
> « autre que dans leur auteur. »
> PASCAL.

I

Après que les esprits les plus capables de dissiper les nuages qui enveloppent la personne de Socrate, littérateurs curieux, moralistes sagaces, profonds philosophes, historiens érudits, médecins même se sont appliqués à l'envi à rassembler et interpréter les documents propres à le faire connaître, peut-il rester quelque chose à dire sur son compte; et l'écrivain qui aborde un pareil sujet n'est-il pas condamné à se traîner dans la banalité s'il ne veut dire que des choses vraies, à émettre des paradoxes s'il prétend avancer des choses nouvelles ? Il semble légitime de faire, à cet égard, une distinction. La plupart des détails de la vie et de l'enseignement de Socrate ont été élucidés, autant sans doute qu'ils peuvent l'être ; mais il est douteux qu'il en soit de même de l'ensemble de la personne et de la doctrine. La comparaison des études contemporaines relatives à Socrate est pour le lecteur un sujet d'étonnement. Veut-on savoir quelle fut la vie de Socrate, quelles furent les causes de sa condamnation, ce qu'était la maïeutique, la doctrine de la vertu ou telle autre partie de la philosophie socratique : tous les auteurs donnent sur ces divers points des réponses à peu près semblables. Demande-t-on ce que fut Socrate, quel fut le fond de son caractère et l'idée maîtresse de son enseignement: sur cette question, où aboutissent toutes les autres, les opinions sont contradictoires.

Ainsi, selon Édouard Zeller (1), l'ancienne physique ayant fini par se dissoudre sous l'action de la sophistique, Socrate régénéra la philosophie en la fondant sur un nouveau principe : le général ou le concept considéré comme l'objet de la science. L'œuvre de Socrate fut ainsi l'invention d'un principe de logique théorique.

Grote, en ses vivantes peintures, nous montre avant tout, dans Socrate, un missionnaire religieux, chargé par l'oracle de Delphes de mettre les faux sages à la question et de les amener à confesser leur ignorance. Socrate est le dieu de la discussion, « *an elenchtic or cross-examining god* (2). » Son œuvre, religieuse par l'inspiration, est en elle-même essentiellement une dialectique vivante.

Avec M. Fouillée, Socrate devient un spéculatif, substituant aux causes physiques les causes finales pour l'explication de tous les phénomènes, tant physiques que moraux. Il est le créateur de la métaphysique spiritualiste.

Pour M. Ch. Lévêque (3), Socrate tenta la réforme morale et politique d'Athènes, et, dans cette vue, constitua la morale comme une science indépendante des sciences physiques.

M. Janet, dans une courte, mais substantielle notice du *Dictionnaire philosophique*, présente Socrate comme étant avant tout un philosophe ; il le caractérise principalement par deux traits : le sentiment moral, qui domine dans sa personne et remplit sa doctrine tout entière, et la maïeutique, d'où devait sortir la dialectique platonicienne.

---

(1) *D. Phil. d. Griechen*, 3ᵉ éd., t. II, p. 93-4.
(2) *Hist. of Greece.* t. VIII, p. 566.
(3) *Cours sur les théories politiques des Grecs.* — Rev. polit. et littér., 1871-2, p. 468.

Dans un opuscule publié en 1881, M. Gustave d'Eichthal estime que le point éminent de la doctrine de Socrate est l'enseignement religieux. Socrate, dit-il, pour arrêter les maux qu'il voyait fondre sur sa patrie, voulut rendre à ses concitoyens ce qui, à ses yeux, était le principe de toute vertu, la condition première de toute réforme, une foi religieuse, et spécialement la foi à la Providence divine (1).

Enfin, M. Franck, dans un article du *Journal des Savants*, publié à propos du livre de M. d'Eichthal, admet, en un sens analogue, que Socrate n'était pas seulement un raisonneur et un philosophe, mais encore et surtout une âme profondément religieuse, au sens propre du mot, une âme où la foi en Dieu, l'admiration de ses œuvres, la certitude de son règne dans la nature et de sa providence à l'égard des hommes n'étaient pas exempte de mysticité (2).

Toutes ces interprétations s'appuient d'ailleurs sur des textes de la plus haute valeur. Ainsi, pour nous en tenir aux trois auteurs contemporains qui ont fait sur Socrate les travaux les plus considérables, M. Zeller cite, à l'appui de sa thèse, ce texte si précis d'Aristote (3) où il est dit que Socrate cherche le τί ἐστι, l'essence générale, mais sans considérer cette essence comme existant à part, ainsi que devait le faire Platon. Grote s'inspire de l'*Apologie* (4), laquelle effectivement nous présente surtout Socrate comme ayant reçu des dieux la mission de convaincre les hommes de leur ignorance. Enfin, l'exposition de M. Fouillée (5) paraît dominée par la considération de ces pages si lumineuses du *Phédon* (6), où nous voyons Socrate reprocher à

(1) G. d'Eichthal, *Socrate et son temps*, p. 3.
(2) *Journal des Savants*, oct. 1881, p. 605.
(3) *Mét.*, XIII, 4, 1878, b, 23 sqq.
(4) V. Grote, *H. of Greece*, VIII, 565.
(5) *La philosophie de Platon*, t. I, p. 17, sqq.
(6) Ch. XLV, sqq.

Anaxagore d'avoir laissé de côté, dans l'explication des détails du monde, cette intelligence ordonnatrice qu'il avait si sagement proclamée comme la cause universelle, considérer, quant à lui, toute explication mécanique comme superficielle, et ne se satisfaire que des explications données au point de vue des causes finales (1).

Mais d'où vient que chacun de ces auteurs s'est attaché à tel ou tel texte, de préférence aux autres ? On peut se demander si des préoccupations personnelles ou des habitudes d'esprit n'en sont pas en partie la cause. Un ancien hégelien comme Zeller, qui cherche avant tout la place des hommes et des doctrines dans le développement général de l'esprit humain, devait prendre pour principal guide Aristote, qui justement met en relief chez ses prédécesseurs les idées qui ont préparé les siennes. L'historien Grote, qui veut nous montrer quel rôle ont joué les hommes célèbres dans l'ensemble de la vie sociale et politique de leur époque, devait s'appuyer surtout sur l'*Apologie*, tableau fidèle, semble-t-il, de la manière dont Socrate lui-même s'est dépeint devant ses concitoyens. Enfin le profond et éloquent interprète de la théorie des *Idées*, M. Fouillée, était naturellement porté à chercher dans Socrate le précurseur de Platon, et à solliciter sa doctrine, pour y trouver le germe de la métaphysique platonicienne. Rien d'étonnant qu'il prenne pour point de départ le texte où Platon lui-même relie sa théorie des *Idées* aux spéculations de son maître.

Dans cette recherche du caractère propre de Socrate, Ed. Zeller paraît s'être placé au point de vue de l'esprit absolu, Grote au point de vue d'un Athénien cultivé du v$^e$ siècle, M. Fouillée au point de vue de Platon. Qu'arriverait-il, si l'on cherchait à se placer au point de vue de Socrate lui-même, si l'on se demandait ce que Socrate a pu être, non

---

(1) *Phédon*, ch. XLVI, p. 97, b.

pour les autres, mais à ses propres yeux ? L'apôtre du γνῶθι σαυτόν devait se connaître lui-même. Nous nous croirions suffisamment instruits sur son compte, si nous le connaissions dans la même mesure.

Mais comment pénétrer dans l'âme de Socrate, puisqu'il n'a rien écrit ? N'est-ce pas justement la difficulté de se placer à son point de vue, qui détermine les historiens à chercher un point de vue en dehors de lui ?

Cette difficulté est peut-être en partie factice. Elle s'est surtout manifestée le jour où Schleiermacher mit en avant ce principe, qu'une exposition de la doctrine socratique, pour être fidèle, doit avant tout faire comprendre comment Platon a pu considérer Socrate comme le promoteur de son activité philosophique. On se mit à comparer à ce point de vue le Socrate de Xénophon avec celui de Platon et d'Aristote, et l'on trouva entre les deux une grande divergence. Naturellement les disciples de Schleiermacher optèrent pour Platon et Aristote ; et ainsi se trouva compromise l'autorité du seul de nos témoins qui fût historien de profession, et qui s'occupât de nous dire ce qu'en fait et pour lui-même avait été Socrate. Mais les choses, depuis, ont changé de face. Tandis que bataillaient, à propos de la théorie de Schleiermacher, les champions de Xénophon et de Platon, une critique moins prévenue a comparé, en eux-mêmes, les témoignages de Xénophon, de Platon et d'Aristote. Or ces témoignages ont été trouvés d'accord entre eux quant à l'essentiel (1). Dès lors, pour un appréciateur impartial, l'autorité de Xénophon était rétablie. On pouvait encore l'accuser d'avoir plus ou moins incomplètement fait connaître la personne et les doctrines de son maître, mais non de les avoir présentés sous un faux aspect. S'il en est ainsi, l'historien a le droit aujourd'hui, non seulement d'invoquer le témoignage de Xénophon à côté de ceux de

---

(1) C'est l'avis commun de Zeller, de Grote et de Fouillée.

Platon et d'Aristote, mais encore de le mettre en première ligne, puisque seul des trois, Xénophon est historien de profession. Son œuvre paraît, il est vrai, avoir eu pour objet immédiat de réfuter le réquisitoire du rhéteur Polycrate, composé vers l'an 393 : il n'en reste pas moins que Xénophon a dû y apporter les habitudes de fidélité et d'impartialité qui distinguent ses autres ouvrages.

Certes, il ne faut pas retomber dans l'erreur paresseuse des anciens historiens qui, lisant superficiellement cet auteur, ne surent y voir que le portrait d'un moraliste bonhomme : il faut féconder les indications de Xénophon à l'aide de celles de Platon et d'Aristote. Toutefois il convient de n'user de ces dernières que comme le savant use de l'hypothèse, c'est-à-dire pour poser des questions, non pour les résoudre. Analyser les données de Xénophon en les interprétant et les développant par une induction scientifique dont Platon et Aristote fourniront les idées directrices : telle paraît être la méthode à suivre pour connaître Socrate d'une manière vraiment historique. On doit d'ailleurs mettre à peu de distance des *Mémorables* l'Apologie de Platon, que la plupart des critiques (1) considèrent comme digne de foi quant à la substance, ainsi que certaines parties du Criton, du Phédon, du Lachès et du Banquet, parties qu'il est, à vrai dire, difficile de bien circonscrire.

Quelle est maintenant la physionomie de Socrate considéré ainsi, autant que faire se peut, de son propre point de vue ?

## II

Le premier résultat auquel on est conduit en faisant des *Mémorables* la source principale de l'histoire de la pensée socratique, c'est un aveu d'ignorance touchant ce qui a précédé les dix dernières années environ de la carrière de

---

(1) Schleiermacher, Zeller, Ueberweg et Grote.

Socrate. Grande est la tentation de chercher dans d'autres textes un moyen de remonter dans la vie de Socrate plus haut que ne le permettent les *Mémorables*. C'est ainsi que M. Fouillée a cru trouver dans le célèbre texte du Phédon sur les premières réflexions philosophique de Socrate (1), et dans la coïncidence de ce texte avec les *Nuées* d'Aristophane, la preuve qu'avant de s'adonner aux recherches morales, Socrate aurait parcouru une première période, marquée par des spéculations sur la nature. Socrate, déçu de ce côté, se serait ensuite adressé à la morale pour résoudre le problème même de l'ancienne philosophie grecque, le problème de l'explication de l'univers. Mais outre que, d'un tel point de départ, les *Mémorables* ne contiennent pas la moindre trace, le récit que fait le Socrate du Phédon est en contradiction avec les déclarations formelles du Socrate de l'Apologie, affirmant (2) que *jamais* il ne s'est mêlé de physique. On objectera que le personnage de Socrate dans les Nuées doit reposer sur quelque fondement historique. Mais c'est justement à propos des Nuées que Socrate fait, dans l'Apologie, cette déclaration solennelle. On tranche, il est vrai, la question en écartant l'Apologie, sous prétexte que c'est un plaidoyer, et en alléguant que le texte du Phédon donne l'impression de la réalité historique. Mais une telle préférence est mal justifiée. Comme le texte du Phédon a pour objet de nous montrer l'origine de la théorie des Idées, laquelle, d'ailleurs, est mise également dans la bouche de Socrate, il est naturel d'attribuer à Platon lui-même les réflexions par lesquelles débute cette exposition. Quant à l'Apologie, elle a certainement une valeur historique, comme le prouve notamment cette curieuse prédiction faite par Socrate aux juges (3), que,

---

(1) C. XLV., sqq.
(2) C. III, p. 19, c. d.
(3) C. XXX, p. 39, c, d. V. Grote.

lui mort, il s'élèvera contre les Athéniens un bien plus grand nombre de censeurs (ἐλέγχοντες), d'autant plus désagréables qu'ils seront plus jeunes. Cette prédiction, qui ne paraît pas s'être réalisée, eût été certainement omise dans une Apologie imaginée par Platon lui-même. Si donc Socrate a effectivement mis au défi ses auditeurs de prouver qu'il eût *jamais* dit le moindre mot touchant les questions physiques (1), comment pourrions-nous affirmer le contraire? Faudra-t-il donc mettre les fables d'un poète comique au-dessus du témoignage de Socrate lui-même?

Nous renoncerons donc à connaître les idées qu'a professées Socrate dans sa jeunesse et même dans sa maturité. Nous avons lieu d'ailleurs de supposer qu'elles étaient en conformité avec celles qu'il professa à la fin de sa vie, puisque, dans l'Apologie, Socrate dit à ses auditeurs que, s'ils sont prévenus contre lui et s'ils le tiennent pour un physicien et un sophiste, c'est qu'ils ont été induits en erreur sur son compte par ses ennemis dès leur enfance (2). En tout cas, prétendre éclairer le Socrate des dernières années par le Socrate du temps des Nuées, c'est chercher dans l'inconnu l'explication du connu.

Le point de départ de la doctrine à laquelle se fixa Socrate se trouve pour nous dans ses réflexions critiques sur les deux disciplines qui alors se partageaient les esprits, la physique et la sophistique.

Socrate ne s'est jamais adonné à la physique. Platon (3) et Aristote (4) en font foi comme Xénophon. Mais il n'est pas douteux qu'il en ait pris connaissance. Il l'envisagea surtout en philosophe. Il ne tourna pas son attention sur les détails, sur les théories particulières qui, vraisemblable-

---

(1) C. III, p. 19, d.
(2) C. II, p. 18, c.
(3) *Apol.*, c. III, p. 19, d.
(4) *Mét.*, I, 6, 987, b, 1.

ment, tenaient la plus grande place dans les recherches des anciens physiologues. Il s'en tint aux principes généraux qui commandaient tout le reste, à ces conceptions mécaniques ou dynamiques de la nature qui induisaient les philosophes à tout expliquer sans recourir à des puissances surnaturelles. L'être est-il un ou multiple, est-il en mouvement ou en repos, est-il soumis au devenir et à la destruction, ou est-il soustrait à la génération et à la corruption ? Telles étaient les questions philosophiques que se posaient les physiologues (1).

Socrate ne s'attarda pas à examiner une à une les diverses doctrines qu'avait engendrées l'idée d'une physique naturelle. Il les condamna en bloc, comme vaines, stériles et sacrilèges.

La physique était une recherche vaine. Car les physiciens n'avaient pu se mettre d'accord sur aucun point : les uns soutenaient que l'être est un, les autres qu'il est infiniment multiple ; les uns que tout se meut, les autres que tout est éternellement immobile, et ainsi du reste (2). Or, contradiction est marque d'ignorance.

Elle était stérile. Ceux qui s'occupent de ces objets, disait Socrate, croient-ils donc que, quand ils connaîtront la nécessité suivant laquelle chaque chose se produit, ils pourront faire, à leur gré, les vents, les eaux et les saisons (3) ?

Et ces deux traits résultaient eux-mêmes d'un vice radical, à savoir du caractère sacrilège de l'entreprise. Tout ce qui est, selon Socrate, se partage en deux catégories (4) : les choses humaines (τὰ ἀνθρώπεια), telles que le pieux et l'impie, le beau et le laid, le juste et l'injuste, les questions relatives à la cité et à l'autorité (5), et les choses divines

---

(1) Xén., *Mém.*, I, 1, 14.
(2) *Id.*, IV, 2.
(3) *Id.*, I, 1, 15.
(4) *Id.*, I, 1, 12.
(5) *Id.*, I. 1, 16.

(τὰ δαιμόνια), telles que la formation du monde (1), ou bien encore les conséquences éloignées et dernières de nos actions (2). Or, les dieux nous ont donné la faculté de connaître les premières par le raisonnement, mais ils se sont réservé les secondes (3). Les physiciens, en spéculant sur les choses divines et en négligeant les choses humaines, intervertissent l'ordre établi par les dieux eux-mêmes : ils dédaignent les connaissances que les dieux ont mises à notre portée, pour tenter de surprendre celles qu'ils se sont réservées.

Chose digne de remarque, nous retrouvons chez Pascal une distinction analogue. Lui aussi (4) divise les choses en humaines et divines, et accuse les hommes d'avoir corrompu l'ordre établi par Dieu, en faisant, des choses profanes, ce qu'ils devaient faire des choses saintes, et réciproquement, c'est-à-dire en cherchant les choses profanes avec le cœur et les divines avec l'esprit. Seulement, chez Pascal, ce sont les choses physiques qui sont les profanes, et les morales qui sont les divines.

Cette ressemblance et cette différence nous font mieux comprendre la pensée de Socrate. C'est le même esprit religieux qui, chez Socrate et chez Pascal, impose une borne à la raison humaine. Mais, pour l'Hellène, l'homme est son maître, et c'est la nature, avec ses mystères et son éloignement, qui est le divin. Pour le chrétien et le moderne, l'infini de la vie intérieure est le divin ; et c'est la nature, matière brute et passive, qui est l'objet proposé à l'activité humaine.

La condamnation de l'ancienne physique par Socrate a sa cause première dans le fonds d'idées propre à sa nation.

---

(1) *Mém.*, I, 1. 11.
(2) *Id.*, I, 1, 8.
(3) *Id.*, I, 1. 7-8.
(4) *De l'Esprit géom.*, 2ᵉ fragm.

La Grèce ne pouvait se reconnaître entièrement dans ces spéculations sur les principes des choses où s'étaient hasardés les physiologues. Sans doute la puissance de raisonnement, la subtilité ingénieuse, le sens merveilleux de l'harmonie qu'avaient déployés ces profonds chercheurs étaient son bien ; mais l'application immédiate de ces qualités d'esprit aux objets matériels les plus étrangers à l'homme, était contraire au génie d'une race essentiellement politique, éprise, par dessus tout, de beaux discours et de belles actions. Et puis, comment concilier une philosophie qui se proposait d'expliquer les phénomènes physiques par des causes naturelles, avec une religion qui plaçait partout l'action immédiate des dieux ? C'étaient des Grecs sans doute qui avaient ordonné ces beaux systèmes où la nature était soumise aux lois de la pensée, mais c'étaient des citoyens des colonies, entretenant des relations avec les Égyptiens, les Phéniciens, les Babyloniens. Ils avaient créé la forme : l'Orient leur avait fourni la matière. Détacher les affaires humaines de l'ensemble des choses, en faire le propre domaine de l'intelligence comme de l'activité de l'homme, et, en même temps, restituer aux dieux les phénomènes physiques, c'était se replacer sur le terrain propre de l'Hellène et en particulier de l'Athénien : chose naturelle chez le philosophe qui jamais ne sortit d'Athènes, sauf pour combattre dans les rangs de ses concitoyens.

Le jugement de Socrate sur la physique n'est donc pas un fait fortuit et accidentel, ce n'est pas l'effet d'un esprit positif et prosaïquement utilitaire. Ce n'est même pas uniquement cette dépréciation du passé habituelle chez les novateurs, cet antagonisme contre l'idée rivale, condition de réalisation et de développement de l'idée nouvelle qui prétend à l'existence. Les objections de Socrate contre la physique sont l'expression philosophique de cette antipathie d'un peuple religieux et artiste pour une explication mécanique des choses, dont Aristophane lui-même s'est fait l'interprète dans les *Nuées*. Le vrai Socrate bafoue comme le peuple le Socrate d'Aristophane. La seule différence, c'est qu'il sait mieux pourquoi.

Mais ce discernement même l'empêche de condamner dans toutes ses parties l'œuvre des physiciens. En même temps qu'il la déclare vaine, stérile et sacrilège, il y démêle un principe qu'il recueille avec un soin jaloux. Ce principe c'est la forme et comme le moule de la pensée hellénique, où les physiologues ont jeté la matière qu'ils empruntaient à l'Orient : c'est la conscience qu'a désormais acquise l'esprit humain du besoin d'unité et d'harmonie qui est en lui; c'est la notion d'une vérité impersonnelle, distincte de l'opinion et de la fantaisie ; c'est l'idée abstraite de la science. Quand Socrate demande aux physiologues (1) si c'est parce qu'ils estiment *savoir* suffisamment les choses humaines qu'ils en viennent à spéculer sur les choses divines, il est clair qu'il retient de l'ancienne physique l'idée générale de la science, comme d'un mode de connaissance spécial et supérieur, en même temps qu'il écarte l'objet auquel cette idée a été appliquée jusqu'alors.

Ainsi l'idée générale de la science ne naît pas de rien dans l'esprit de Socrate, par une pure intuition du génie, comme le ferait croire la profonde mais abstraite dissertation de Schleiermacher. Elle n'est pas non plus la réaction du subjectivisme contre l'objectivisme, réaction qui aurait été déterminée par les excès de l'objectivisme lui-même selon la loi générale du développement de l'esprit humain, comme paraît l'admettre l'ancien hégelien Ed. Zeller. Cette idée de la science n'est autre chose que la propre part du génie hellénique dans la formation de l'ancienne physique. L'œuvre de Socrate consiste à la dégager des éléments étrangers avec lesquels elle était confondue, grâce à une fine distinction de la matière et de la forme

(1) *Mém.*, I, 1, 12.

que n'avaient pas su faire les différents adversaires des physiologues. Et il fut servi en cela, par sa faculté d'invention sans doute, mais aussi par le tour singulièrement hellénique de son esprit. En lui, le génie grec reconnut son bien dans la forme scientifique que les physiologues avaient donnée aux connaissances pratiques ou aux spéculations astronomiques des orientaux.

Si Socrate se préoccupa de la physique, il donna plus d'attention encore à la sophistique. Il y distingua deux choses : la fin et le moyen. La fin ou objet de la sophistique, c'était, à ses yeux, de rendre les hommes capables de bien parler et de bien agir, de bien administrer les affaires de la cité et de la maison, d'être utiles en un mot aux autres et à eux-mêmes (1). Quant au moyen, c'était uniquement l'exercice et la routine, c'était la pratique immédiate de l'action même dont on se proposait d'acquérir la capacité. Le sophiste tel que le conçoit Socrate, c'est donc un homme qui identifie le moyen avec la fin, qui estime, par exemple, que, pour apprendre à bien parler, il ne s'agit que d'entendre parler les autres et de parler soi-même, sans se mettre en peine d'étudier théoriquement les conditions de l'éloquence. La pratique se suffit à elle-même. Le talent est semblable à une aptitude physique, que l'on communique aux hommes en les façonnant et en les dressant.

De cette discipline, Socrate approuva l'objet, mais condamna la méthode. Ce n'est pas ironiquement qu'il appelle l'art sophistique le plus beau et le plus grand de tous, un art vraiment royal (2). Si l'on ne considère que la fin proposée à l'activité humaine, Socrate n'est pas seulement d'accord avec les sophistes, il est lui-même un d'entre eux. Avec les sophistes, il pense que l'homme ne doit s'occuper que des choses humaines. Avec eux il estime qu'au-dessus

---

(1) *Mém.*. IV, 3, 1 ; IV, 2, 11.
(2) *Id.*, IV, 2, 11.

des hommes adonnés à des professions spéciales, charpentiers, pilotes, médecins, il y a l'homme pur et simple, qui appelle et mérite une culture distincte. Sans doute, l'esprit suivant lequel Socrate borne la philosophie à l'étude des choses humaines n'est pas celui qui anime les sophistes. Ceux-ci exaltaient l'homme parce qu'ils niaient les dieux. Socrate voit la marque de l'existence et de la grandeur des dieux dans les limites mêmes qui s'imposent à l'homme. Mais, par des voies différentes, Socrate et les sophistes aboutissent à la même conclusion.

Ce rapprochement de Socrate et des sophistes n'a rien qui rabaisse Socrate, si l'on se fait une juste idée du caractère de la sophistique. Les sophistes n'ont pas été uniquement ces destructeurs dont parle Ed. Zeller, ni cet écho impersonnel de la morale régnante, que Grote nous montre en eux. Les créateurs de la sophistique, tels que Protagoras et Gorgias, ont eu ce noble rôle de concevoir, les premiers, la légitimité et l'utilité d'une culture intellectuelle d'un caractère général, s'adressant, non à telle ou telle faculté, mais à l'homme même, de manière à le rendre capable de bien agir en toute circonstance. Déjà l'éducation nationale avait ajouté à la gymnastique la musique ou enseignement des connaissances qui forment l'intelligence. Mais les sophistes s'élevèrent à une conception plus haute, en donnant pour fin à l'éducation, non plus seulement d'introduire dans l'esprit un nombre plus ou moins grand de connaissances déterminées, mais d'y créer des aptitudes universelles. En cela on peut dire qu'ils amenèrent au jour de la conscience le principe qui, de longue date, dirigeait la vie pratique des Hellènes, et qui se traduisait par une admiration singulière pour les hommes féconds en expédients, et adroits, en toute occasion, à se tirer d'affaire, tels qu'un Ulysse, un Thémistocle, ou un Alcibiade. Et la forme spéciale que les sophistes donnèrent à leur principe en marque plus nettement encore le caractère hellénique. Car c'est essentiellement dans l'habileté à parler et à discuter qu'ils placèrent la valeur propre de l'homme; c'est pour développer cette vertu chez leurs élèves qu'ils créèrent ce qu'on peut appeler la gymnastique intellectuelle.

Rien d'étonnant que Socrate ait approuvé ce que la sophistique renfermait d'élevé et de conforme au génie de sa race. Mais il ne s'est pas mis pour cela à l'école des sophistes.

Il s'avisa en effet de se demander si les œuvres répondaient aux promesses, et si les sophistes donnaient effectivement cette éducation intellectuelle et morale dont ils avaient compris l'excellence. Le procédé qu'il adopta pour s'en assurer est, à vrai dire, d'un homme déjà préoccupé d'une doctrine contraire, plutôt que d'un critique impartial qui se place sans arrière pensée au point de vue de ses interlocuteurs. Il ne s'occupa pas de voir les gens à l'œuvre, de constater si les élèves des sophistes se comportaient en politiques habiles, en hommes justes et avisés. Il partit de cette idée que la marque de la capacité c'est le *savoir*, et la marque du savoir la possibilité d'expliquer aux autres ce que l'on sait (1). Dès lors il alla par la ville, interrogeant les sophistes et leurs élèves, les sommant de lui dire ce que c'est que la piété, la justice, le courage, la vertu, et de satisfaire à toutes les questions possibles sur ces objets, sans jamais se mettre en contradiction avec eux-mêmes. A cette épreuve nul ne résista, et Socrate conclut que les promesses des sophistes étaient belles, mais que les résultats n'y étaient pas conformes.

Or à quoi pouvait tenir cette impuissance des sophistes, sinon à la méthode qu'ils employaient? Cette méthode, c'était la pratique livrée à elle-même et écartant toute théorie comme vaine et inutile, c'était l'art considéré comme étant à lui-même son moyen et sa fin.

---

(1) *Mém.*, IV, 6, 1, III. 8, 11. — Cf *Lachès*, 190, c.

Socrate vit là une double erreur. D'abord l'art ne peut être à lui-même sa fin. Considérez la gymnastique corporelle. Si vous admettez qu'elle est une fin absolue, vous serez amené à faire autant d'état des tours de forces qui déforment le corps que des exercices bien combinés qui le rendent souple et vigoureux. Il en est de même de la gymnastique intellectuelle. Livrée à elle-même, elle peut aussi bien rendre les hommes plus injustes et plus mauvais que les rendre plus justes et meilleurs (1). Aura-t-elle donc, dans les deux cas, la même valeur ?

Mais il y a plus : non seulement l'art ne peut être à lui-même sa fin, mais il ne peut naître du seul exercice et de la seule pratique. Si l'art pour l'art est dangereux, l'art par l'art est impossible. Croit-on, comme le dira plus tard Aristote, dans le sens de Socrate, qu'il suffise, pour enseigner à un homme le métier de cordonnier, de lui mettre dans les mains une collection de chaussures toutes faites (2) ? Autre chose est communiquer les produits de l'art, autre chose susciter l'art lui-même. Le disciple dressé du dehors peut reproduire plus ou moins fidèlement les actions qu'il a vu accomplir à son maître : il n'a pas en lui cette aptitude générale, se suffisant à elle-même, qui constitue l'art véritable. L'art c'est l'indépendance, et un tel disciple est esclave de son maître (3).

L'art par l'art, c'est, en somme, la routine, l'ignorance, le hasard. Or il faudrait être bien simple pour croire que, tandis que l'on ne peut devenir charpentier, pilote, général, sans posséder les connaissances spéciales relatives à ces diverses professions, le talent de gouverner la cité ou la maison, l'habileté dans la conduite générale de la vie peut naître en nous par l'effet du simple hasard (4). Que l'on

(1) *Mém.*, IV, 3, 1.
(2) Arist., *Soph. Elench.*, 184 a, 1.
(3) *Mém.*, IV, 7, 1 : αὐτάρκεις ἐν ταῖς προσηκούσαις πράξεσιν.
(4) *Id.*, IV, 2, 2, sqq., III, 5, 21 sqq.

considère telle qualité de l'esprit que l'on voudra: si l'on s'en tient à la seule pratique pour l'acquérir, on ne sera jamais sûr de ne point aboutir au contraire de ce qu'on avait en vue. Voici par exemple la justice. L'homme qui ne l'a apprise que par la pratique et la routine la fera consister dans telles manières d'agir déterminées, comme de ne point tromper ou de ne point voler. Or la tromperie est juste quand elle s'adresse aux ennemis, et le pillage est juste quand ce sont les ennemis que l'on pille (1).

Mais si l'art ne se suffit pas à lui-même, où peut-il trouver et cette règle et ce principe dont il a besoin ? Il ne saurait les trouver que dans de justes notions sur l'emploi qu'il convient de faire des qualités de l'esprit et sur les conditions de ces qualités elles-mêmes, en un mot dans la science. Les sophistes ont manqué le but parce qu'ils se sont trop hâtés, et qu'ils ont voulu y marcher tout droit, au lieu de prendre le détour qui seul y conduit. Avant de prétendre à l'habileté pratique dans la parole ou dans l'action, il faut acquérir ces connaissances théoriques qui seules confèrent une capacité générale (2). On est bon dans les choses qu'on sait, on est mauvais dans celles qu'on ignore (3). L'art suppose la science : voilà ce que les sophistes n'ont pas vu.

Tels sont les jugements que porta Socrate, et sur la physique, et sur le sophistique. Ces jugements étaient la contre-partie l'un de l'autre. Socrate blâmait les physiologues de n'avoir pas eu ce sens des choses humaines qu'il louait chez les sophistes: il blâmait les sophistes d'avoir omis cette conception de la science, qu'il trouvait chez les physiologues. Les physiologues avaient appliqué la forme

---

(1) *Mém.*, IV, 2, 14 sqq.
(2) *Id.*, IV, 3. 1 ; III, 9, 4
(3) *Lachès*, 194 d.

de la science à un objet qui la dépasse : les sophistes avaient négligé de l'appliquer à un objet qui la comporte et l'exige. La physique, c'était la science isolée de l'art et de la vie pratique, et se perdant en vaines spéculations ; la sophistique, c'était l'art isolé de la science et réduit ainsi à une routine dangereuse.

Une telle appréciation de la physique et de la sophistique conduisait naturellement Socrate à recueillir et combiner les principes qui lui paraissaient viables dans chacune de ces deux disciplines, c'est-à-dire la forme scientifique, d'une part, et la préoccupation exclusive des choses humaines, d'autre part. En appliquant à l'objet de la sophistique la forme scientifique créée par les physiologues, on constituerait une sagesse, utile comme l'art, universelle et communicable comme la science; capable de former l'homme et d'agir sur ses mœurs, capable aussi de se suffire à elle-même et de se défendre contre les objections, en un mot proportionnée aux forces comme aux besoins de la nature humaine.

Cette idée d'une réunion de la science et de l'art est le germe même de la philosophie socratique. Socrate ne commence pas par cultiver séparément la science et l'art, pour les faire servir ensuite l'un à l'autre. A ses yeux, chacun des deux s'égare quand il prétend cheminer seul. C'est dans leur concours intime, dans leur pénétration mutuelle, que réside la condition de leur existence et de leur succès.

Par là se trouve déterminé l'objet général des recherches de Socrate. Cet objet, c'est le domaine qu'il a nettement discerné et circonscrit entre les choses divines et les arts mécaniques, c'est-à-dire la nature humaine dans ce qu'elle offre de général et de définissable (1); c'est le bonheur humain véritable et solide, distingué du bonheur d'opinion,

---

(1) *Mém.*, I, 1. 16.

fragile et illusoire (1); c'est l'art d'en bien user avec les hommes et les choses humaines, non seulement dans certains cas et par hasard, mais à coup sûr et en toute circonstance (2); c'est enfin ce qui est nécessaire et suffisant pour former l'honnête homme.

Telle était sa pensée quand il allait répétant la maxime apollinienne : γνῶθι σαυτόν. Se connaître, pour Socrate, ce n'était pas simplement avoir conscience, en chaque circonstance, de ce dont on est ou n'est pas capable. C'était pénétrer, dans sa propre âme, par delà le particulier et le passager, pour découvrir le fonds identique et permanent. C'était découvrir cette nature secrète que nous portons partout avec nous, et qui, bien plus que les choses extérieures renferme en elle les conditions de notre sagesse et de notre bonheur. La maxime socratique est, en un mot, l'exhortation à prendre conscience de ce qu'il y a en nous de général.

Et, le γνῶθι σαυτόν n'est pas simplement, dans la pensée de Socrate, le premier pas dans la poursuite de la vérité totale. Socrate n'entend pas dire que la connaissance de soi-même est la condition de toutes les autres sciences, et que, cette première connaissance une fois acquise, on sera en mesure de se mettre à la poursuite des autres. Le γνῶθι σαυτόν est le terme comme le commencement de la science. Il n'y a point pour l'homme d'autre science à acquérir que celle de l'homme.

On lit à la vérité dans le *Phèdre* de Platon (3), que Socrate trouve risible de s'occuper d'autres choses, alors que l'on s'ignore encore soi-même; et de ce texte, il semble résulter que Socrate ajourne, mais ne proscrit pas, les recherches phy-

---

(1) *Apol.*, 36, d.
(2) *Mém.*, IV, 1, 2.
(3) 229 e.

siques et théologiques. Mais Socrate parle ici ironiquement. Dans sa pensée, le moment d'aborder la science de l'être n'arrivera jamais, parce que jamais l'homme ne se connaîtra complétement lui-même. Socrate, le premier peut-être, a eu le sentiment de l'infinie complexité et de la profondeur insondable de l'homme moral, comme en témoigne le texte même du *Phèdre* que nous venons de citer. « Je cherche, dit-il (1), si je suis un animal plus compliqué que Typhon et plus méchant, ou si ma nature est simple et participe à la divinité. »

Comment Socrate pourrait-il admettre, même en les ajournant, des recherches dont l'homme ne serait pas l'objet ? En dehors des choses humaines, il n'y a que les choses physiques ou divines, et les arts mécaniques. Or les unes passent la portée de l'homme (2), et les autres, comme l'art du cordonnier, du charpentier, du lutteur, du pancratiaste, sont très bien pratiqués par les hommes spéciaux sans le secours de la science théorique (3).

D'ailleurs, ainsi bornée à l'homme, la sagesse est ce qui pour l'homme présente le plus haut intérêt. En effet, qu'est-ce qui relève le plus la nature humaine, sinon la liberté, l'indépendance à l'égard des autres hommes et des choses extérieures, la possession de tout ce qui est nécessaire à la bonne conduite et au bonheur ? Or, quelles sont les occupations qui peuvent nous conférer cette indépendance divine ? Ce ne sont pas les arts mécaniques, asservis aux besoins du corps : ce n'est pas la haute astronomie, la haute géométrie, sciences difficiles et vaines, dont l'objet est tout extérieur à l'âme humaine (4). Si l'on y prend garde, on verra qu'en

---

(1) 230 a.
(2) *Mém.*, IV, 7, 6.
(3) *Id.*, III, 5, 21 ; IV, 2, 12.
(4) *Id.*, IV, 7, 2.

toute circonstance c'est une même chose qui fait l'homme dépendant et esclave, savoir l'ignorance des vrais biens et des vrais maux, l'ignorance de soi-même (1). Et ainsi, ce qui affranchira l'homme et lui permettra de se suffire en toute circonstance (2), ce sera la science, et non pas une science quelconque, mais la connaissance de ce qui constitue véritablement le bien et le mal, la connaissance de ce que nous sommes et de ce qui convient à notre nature.

C'est en ce sens que Socrate conçoit la science des choses humaines comme le plus digne objet des facultés de l'homme. Mais de l'idée d'une telle science à la réalisation, la distance est grande. Ni la forme scientifique, telle qu'elle se dégage de l'antique physiologie, ne s'adapte aux choses de la vie morale, ni l'art, tel que l'ont conçu les sophistes, ne se prête à un développement scientifique. Pour les physiciens, la science consiste à connaître la génération des choses, à savoir s'il n'y a qu'une substance ou s'il y en a plusieurs, si tout est immobile ou si tout est en mouvement. Comment appliquer ces catégories aux choses intellectuelles et morales ? D'un autre côté, pour les sophistes, il n'y a rien de fixe ni d'universel dans la nature humaine ; le bien, le bonheur sont entièrement relatifs aux individus. Les choses humaines ne nous offrent à étudier qu'une infinité de cas particuliers, que rien ne relie les uns aux autres. Comment trouver dans une pareille matière un objet de science ?

L'idée d'une science morale, telle que l'avait conçue Socrate, suscitait donc une double tâche. D'une part, il fallait élaborer l'idée de science, de manière qu'elle s'adaptât aux choses morales ; d'autre part, il fallait considérer les choses morales d'un biais qui les fît apparaître comme propres à devenir objet de science. Il fallait, et créer un moule ap-

---

(1) *Mém.*, IV, 2. 22-23 ; I, 1. 16.
(2) *Id.*, IV, 7, 1.

proprié à la matière, et rendre la matière susceptible de se couler dans le moule. C'est à résoudre ce double problème que tendirent les réflexions de Socrate. On peut grouper sous les termes de *dialectique* et d'*éthique*, les résultats de ces réflexions sur l'un et l'autre point. Mais on ne saurait attribuer à Socrate une dialectique et une éthique distinctes l'une de l'autre. Le caractère de sa dialectique est d'être constituée en vue de son éthique, et le caractère de son éthique est d'être la mise en œuvre de sa dialectique. Ce ne sont là que les deux faces d'une seule et même discipline : c'est le dédoublement plus ou moins artificiel de la « science morale. »

En quoi consistent, en ce sens, la dialectique et l'éthique de Socrate? Retrouverons-nous dans les détails de sa philosophie les caractères qui nous ont paru marquer sa conception générale de la sagesse humaine?

### III

Selon Édouard Zeller, comme selon Schleiermacher, non seulement Socrate n'est pas un simple moraliste populaire, mais il ne borne pas non plus sa réflexion à la philosophie morale : Socrate poursuit la vraie science, la science de l'essence des choses. Il conçoit en premier lieu l'idée de la science d'une manière universelle, la faisant consister dans la détermination méthodique du concept, ou expression de l'élément général des choses données. Puis, en vertu de la loi même de l'esprit humain, il applique cette forme universelle à l'objet particulier et inadéquat qui lui est fourni par l'expérience. Cet objet se trouve être la vie humaine. La tâche ultérieure des socratiques consistera à appliquer cette même forme aux autres domaines de la réalité (2).

Selon cette interprétation, la théorie socratique de la

(2) Schleiermacher, WW., III. 2, p. 300. sqq. Zeller, *Phil. d. Gr.*, t. II, 93 sqq. (3ᵉ éd.).

science aurait une existence distincte. Elle serait, logiquement sinon chronologiquement, antérieure à l'éthique socratique, et indépendante de cette doctrine. Ce serait comme un système de symboles que le philosophe aurait créés à un point de vue tout abstrait, et non en ayant égard à la nature propre des choses qu'il se proposait d'étudier.

On ne peut nier que cette interprétation ne soit conforme à la destinée qu'à eue la philosophie socratique. Nous voyons en effet Platon et Aristote appliquer à l'étude de la nature entière une méthode analogue à celle que Socrate avait employée dans l'étude des questions morales. Mais suffit-il qu'une interprétation soit conforme à la fortune d'une philosophie, pour que nous la considérions comme l'expression fidèle de la pensée du philosophe lui-même. C'est une méthode chère aux Hégéliens, de juger de ce qu'est une chose dans son fond, par ce qu'elle devient ultérieurement. Et en effet le devenir, la création, est pour eux l'être même. Mais ce n'est pas sans raison, semble-t-il, que Pascal a dit : « Les mêmes pensées poussent quelquefois tout autrement dans un autre que dans leur auteur. » Que de principes s'étendent, se restreignent, se modifient, en passant d'un esprit dans un autre, qui les envisage à son point de vue propre ! Nous ne saurions dire, avec Schlciermacher et les Hégéliens : « Pour savoir ce qu'était Socrate, il faut avant tout chercher comment Platon a pu le considérer comme son maître. » Car Platon a pu détourner la méthode socratique vers des objets pour lesquels elle n'était pas faite.

Or, si nous considérons un à un les principaux éléments de cette méthode, nous trouverons que, sous la forme qu'ils présentent dans les discours de Socrate, ils ne s'expliquent que par une continuelle préoccupation de l'objet moral auquel ils devaient s'appliquer. Nous ne verrons pas Socrate déterminer pour elle-même l'idée de la science, et en faire ensuite l'application à la morale. La science, pour lui, ne se séparera de la morale que d'une manière tout abstraite, dans le langage si l'on veut, jamais dans la nature des choses. En un mot, Socrate nous apparaîtra comme s'étant posé le problème logique dans les termes suivants : en quoi doit consister la science, pour que la vertu et le bonheur puissent devenir objet de science ?

Et d'abord, le critère de la science, pour Socrate, c'est l'accord avec soi-même, et la capacité de faire accepter de tous, infailliblement, ce que l'on pense savoir (1). Socrate ne se montre pas préoccupé de confronter les doctrines philosophiques avec la nature des choses, telle qu'elle peut exister en elle-même indépendamment des conceptions de l'esprit humain. Dans le double accord de l'homme avec soi et avec les autres, en d'autres termes dans l'accord de l'esprit humain avec lui-même, réside, selon lui, la condition nécessaire et suffisante de la certitude.

Or ce principe, nouveau en philosophie, serait certainement étrange, si la philosophie avait pour objet la connaissance de l'être et des principes universels de la nature. Il faudrait, en ce sens, pour s'expliquer la doctrine de Socrate, supposer qu'il identifiait déjà la pensée humaine avec le principe de l'être en général. Mais une telle identification ne fut possible que lorsqu'on eut distingué dans l'esprit humain plusieurs régions, et que l'on y eut ainsi démêlé l'existence d'une raison éternelle. Or une telle analyse fut l'œuvre propre de Platon et d'Aristote. Socrate, quant à lui, distingue bien en nous l'opinion et le raisonnement, mais il ne va pas au-delà ; et il estime que notre faculté de raisonner ne peut prétendre à connaître les premiers principes et les fins dernières des choses.

Au contraire, on comprend très bien que l'accord de l'esprit humain avec lui-même soit tenu pour le critère de la vérité, s'il ne s'agit que de la vérité en matière morale. Car il est tout naturel d'admettre que l'esprit humain possède,

---

(1) *Alcibiade*, I, 111, dc. *Mém.* IV, 6, 1 et 15.

innée en lui, l'idée générale de ce qui convient à l'homme, et que ce fonds intellectuel est le même chez tous les individus. C'est ce qu'on appelle le sens commun, guide très digne de confiance tant qu'il ne s'agit que de la conduite de la vie, maître d'erreurs, s'il s'agit de la connaissance des lois de l'univers.

Maintenant à quel objet faut-il s'attacher pour réaliser cet accord avec soi-même et avec les autres qui est la condition de la certitude? En d'autres termes, quelle est la matière propre de la science?

Ici se place ce qui fait l'essence de la doctrine logique de Socrate, ce principe original et fécond qui devait, pendant vingt siècles, demeurer la règle de l'esprit humain. La science, proclama Socrate, a pour objet le *général*. Il n'y a pas de science de l'individuel, de l'accidentel, des choses particulières telles qu'elles nous sont données. L'objet de la science du courage, par exemple, ce ne sont pas les actions courageuses, c'est ce qu'il y a de commun à toutes les actions courageuses, c'est la réponse à la question τί ἐστιν ἡ ἀνδρεία; c'est, comme dira Platon (1), τὸ διὰ πάντων περὶ ἀνδρείας πεφυκός (2).

Cette maxime est celle-là même que l'on met en avant pour prouver que Socrate a considéré la science en elle-même, abstraction faite de la matière à laquelle elle doit s'appliquer. Mais s'il est vrai que la maxime de Socrate est devenue après lui une doctrine logique et même métaphysique, supérieure à tout domaine particulier, il ne s'ensuit pas que, pour lui-même, elle ait déjà eu ce caractère. C'est ce qui apparaîtra si, au lieu de la considérer isolément, on la replace dans l'ensemble de la philosophie socratique.

Que Socrate, en fait, n'ait jamais cherché le général que dans les choses humaines, c'est ce qui résulte évidemment de l'ouvrage entier de Xénophon (3).

(1) V. *Mém.* I, 1, 16.
(2) Lachès, 192 b.
(3) V. notamment *Mém.* I, 1, 16.

Aussi le débat porte-t-il moins sur la question de fait que sur la question de droit.

Qu'est-ce donc que Socrate entendait par le général, et pourquoi y voyait-il le seul objet qui comportât la connaissance scientifique ?

Socrate n'entendait pas par le général l'élément simple et permanent que peuvent recéler les choses composées qui frappent nos sens. A vrai dire, ce n'est pas là le *général*, mais la substance, cet objet qu'avaient considéré les physiciens et que Socrate tient pour inaccessible. D'autre part, le général n'est pas encore pour lui ce qu'il sera pour Platon et Aristote : le type normal d'une espèce, l'être naturel tel qu'il serait, si la cause qui lui est propre agissait seule et n'était pas contrariée, comme il arrive dans le monde sensible, par des influences extérieures. Le général dont parle Socrate ne se rapporte ni au monde matériel ni même à un monde intelligible : c'est exclusivement le fonds commun des discours et des actions des hommes. Socrate part de cette idée que si, pour désigner des manières d'agir fort différentes telles que : faire du bien à ses amis et faire du mal à ses ennemis, nous nous servons d'un seul et même mot, celui de *justice*, c'est que nous avons dans l'esprit une certaine notion qui est une, et dont nous retrouvons l'objet dans les actions diverses que nous qualifions de justes. Et comme, lorsque les hommes conversent entre eux avec bonne foi, ils arrivent tôt ou tard à se mettre d'accord sur l'emploi des mots, il faut bien que les idées que ces mots représentent soient identiques dans tous les esprits.

Et maintenant pourquoi Socrate fait-il, du général ainsi entendu, l'objet propre de la science ?

C'est qu'il y trouve la condition nécessaire et suffisante de cet accord avec soi-même et avec les autres, qui, selon lui, est le critère du savoir.

Hors de ces notions déterminées et fixes, qui sont le fondement des mots, il n'y a pas pour l'esprit de point de repère dans ses raisonnements; par conséquent il n'y a pas de moyen de s'entendre et avec soi-même et avec les autres. En revanche, il suffit de diriger ses discours conformément à ces notions générales sur lesquelles s'accordent tous les hommes, pour être sûr d'obtenir l'assentiment de ses interlocuteurs. Pourquoi Homère appelle-t-il Ulysse l'orateur sûr du succès ? C'est parce qu'Ulysse se règle dans ses discours sur les idées admises par tous les hommes : διὰ τῶν δοκούντων ἀνθρώποις (1).

Or le législateur moderne des sciences de la nature, François Bacon, a pu dire avec raison que des discours des hommes on ne peut tirer que des mots et non des choses, s'il s'agit de connaître le monde extérieur ; mais les discours des hommes sont à coup sûr les premiers témoins qu'il faut consulter si l'on veut connaître les pensées et les désirs de l'esprit humain. Rien n'indique que les catégories du langage reproduisent les catégories des choses ; mais il est clair qu'elles sont l'image des catégories de nos pensées et de nos actions. Les discours des hommes ne peuvent fournir au physicien qu'un ensemble de signes et de conjectures tout provisoires. Ils sont pour la philosophie morale la matière même qu'il s'agit d'approfondir.

Si maintenant nous considérons dans le détail la méthode de Socrate, nous y discernons deux parties qu'on peut désigner par les noms de *forme extérieure* et de *fonds logique*. La forme extérieure, c'est le dialogue, avec certains traits particuliers à Socrate, tels que l'ironie et la maïeutique, ainsi que le rôle capital assigné à la possession de soi et à l'amour. Le fonds logique, c'est la définition et l'induction. Chacune de ces parties a, chez Socrate, une physionomie spéciale.

I. Zeller dit (2) que, si Socrate emploie la forme du *dia-*

---

(1) *Mém.* IV, 6, 15.
(2) P. 105.

*logue*, c'est qu'il a conscience de son ignorance, à cause des contradictions qu'il remarque dans les systèmes des philosophes, et qu'il veut sortir de cette ignorance. De là, selon Zeller, la disposition à se tourner vers les autres, pour voir s'ils ne posséderaient pas cette science dont lui-même se voit dépourvu.

Cette explication n'est pas entièrement satisfaisante. D'abord Socrate ne consulte pas ses interlocuteurs sur toute espèce de choses, mais seulement sur les choses humaines : il n'attend rien du dialogue, non plus que de tout autre moyen d'investigation, en ce qui concerne la connaissances des choses physiques. Ensuite, Socrate ne voit pas seulement dans le dialogue une manière de philosopher commode et suggestive : la dialectique se confond pour lui avec la sagesse même.

C'est que, si la recherche qui porte sur les causes des choses est affaire de spéculation solitaire, il n'en saurait être de même de la recherche des conditions de la vie humaine. Comment connaître l'homme, sinon en conversant avec les hommes? Et si la science consiste à découvrir les points sur lesquels tous les hommes sont d'accord et qui forment le fonds de tous leurs jugements (τὰ μάλιστα ὁμολογούμενα), quel plus court et plus sûr moyen de la constituer que de rapprocher et confronter les opinions des hommes? Enfin, si l'usage qu'on doit faire de la science consiste à instruire les autres et à leur persuader les choses dont on a une fois acquis la certitude, la conversation méthodique n'est-elle pas, du commencement à la fin, une partie intégrante de la philosophie et de la sagesse elle-même?

Ainsi ce n'est pas par modestie, par déférence pour la science des autres, que Socrate parle constamment d'examiner les choses en commun, κοινῇ βουλεύεσθαι (1), κοινῇ σκέπτεσθαι, κοινῇ ζητεῖν, συζητεῖν : cette forme de recherche est

---

(1) *Mém.*, IV, 5, 12.

impliquée par l'objet même qu'il a en vue. Pour disserter sur les principes de la nature il suffit d'écrire : pour connaître les hommes et les convaincre, il faut leur parler.

Le dialogue socratique affecte fréquemment la forme de l'*ironie*. Socrate questionne sans jamais répondre (1); et, par ses questions, il amène l'interlocuteur à se contredire ou à rester court, et à confesser qu'il ne sait pas ce qu'il croyait savoir (2).

Or l'emploi d'un tel procédé se comprend beaucoup mieux s'il s'agit de la connaissance des choses humaines que s'il s'agit de la connaissance de la nature. Comment, s'il s'agit des choses extérieures, se borner à questionner les hommes, sans confronter leurs assertions avec la réalité elle-même? Ne faudrait-il pas, pour procéder avec fruit à une telle interrogation, être déjà compétent soi-même dans les questions physiques et métaphysiques? Ensuite, ne faudrait-il pas que l'auditoire, lui aussi, eût une compétence spéciale, pour que son jugement sur la discussion eût quelque valeur? Mais s'il s'agit des choses humaines, tout homme porte en lui la pierre de touche nécessaire pour éprouver les opinions; tout homme est compétent. L'interrogateur peut trouver, dans la conversation elle-même, tout ce qu'il faut pour mettre son interlocuteur en flagrant délit de contradiction non-seulement avec lui-même, mais encore avec la nature des choses. D'ailleurs ne sont-ce pas avant tout les choses humaines, piété, justice, courage, vertu, dont chacun croit connaître la nature sans la connaître en effet? Les physiologues eussent refusé le combat auquel Socrate conviait ses interlocuteurs. Seuls les hommes qui s'occupaient des choses morales pouvaient se prêter à de telles interrogations, et s'y prêtaient en effet.

Il en est de même de la *maïeutique*. Socrate est, quant à

---

(1) Arist., *Soph. el.*, c. xxxiii.
(2) Plat., *Rép.*, I, 337 a, e ; *Sophiste*, 183 b.

lui, stérile en fait de sagesse; mais il aide les autres, par ses questions, à accoucher de ce qu'ils avaient dans l'esprit sans s'en apercevoir. Puis, ayant ainsi mis au jour les idées secrètes de ses interlocuteurs, il examine avec soin si ce que leur âme a engendré est chimère ou fruit réel et viable (1). Que penser d'un tel procédé ?

Socrate, nous dit-on, se considère lui-même comme stérile en fait de sagesse. De quelle sagesse est-il ici question, sinon de la sagesse pratique, laquelle en effet a ce caractère singulier d'être, par un côté, incommunicable, de n'exister en nous que si elle est nous-même, de ne se produire en nous que si elle jaillit de notre propre fonds ?

Comment Socrate peut-il faire sortir, de l'esprit même de ses interlocuteurs, des idées susceptibles d'être vraies et viables ? Cette doctrine est bien étrange s'il s'agit de vérités physiques et métaphysiques. L'audacieuse doctrine qui identifiera l'esprit de l'homme avec le principe des choses n'apparaît nullement chez Socrate : s'il lui arrive de lire dans l'avenir (2), ce n'est pas par les seules forces de son intelligence, c'est grâce à une révélation mystérieuse toute surnaturelle. Mais la maïeutique est une méthode très raisonnable et très légitime s'il s'agit de faire découvrir aux hommes les vérités morales. Car ces vérités ne sont que l'expression et la connaissance réfléchie de la nature humaine; et tout homme porte en soi la nature humaine. La fiction du Ménon est une extension platonicienne et paradoxale de la maïeutique socratique. Socrate, quant à lui, ne tire de l'esprit de ses auditeurs que des connaissances relatives à la piété, à la justice, à la tempérance, au courage, au gouvernement des cités, à tout ce qui constitue l'honnête homme (3).

---

(1) *Théét.*, 149. 157 c.
(2) *Mém.*, I, 1, 5.
(3) *Id.*, I, 1, 16.

Enfin comment Socrate, qui fait profession d'être ignorant, peut-il apprécier la valeur des fruits qu'il fait produire aux intelligences ? N'est-ce pas qu'il s'agit ici exclusivement de ces idées morales et pratiques sur lesquelles tout homme, en tant qu'homme, est compétent, du moment que, dans ses jugements, il sait faire taire les goûts et passions qui lui sont propres, pour se placer à ce point de vue supérieur à l'individu qu'avait justement déterminé Socrate ?

La dialectique a en outre deux conditions morales fort remarquables : la *possession de soi* et l'*amour :* ἐγκράτεια et ἔρως.

« A ceux qui se possèdent et à ceux-là seulement il est donné de rechercher en tout, ce qui est le mieux ; et, distinguant les choses par une dialectique d'actions et de paroles, selon les genres auxquels elles appartiennent, de choisir les bonnes et de s'abstenir des mauvaises. » (1) C'est parce que la dialectique a pour objet la détermination de la valeur des choses au point de vue moral et humain, que la possession de soi en est la condition essentielle. La vraie valeur morale des choses, en effet, c'est l'intérêt qu'elles présentent pour la nature humaine en général, et non pour l'individu considéré dans ses goûts et ses passions, lesquels sont superficiels et passagers. Or c'est grâce à la possession de soi que l'homme fait abstraction, dans ses jugements, de ses préférences individuelles et accidentelles.

L'amour enfin, ἔρως, joue un rôle important dans la dialectique de Socrate. Il en est question chez tous les socratiques. Non seulement Xénophon et Platon, mais Euclide, Criton, Simmias, Antisthène, ont écrit sur l'amour. De quel amour est-il ici question ? Nul doute que Socrate n'entende parler, non de l'amitié pure et simple, mais d'une affection

---

(1) *Mém.*, IV, 5, 11.

mêlée d'attrait sensible. C'est une sorte d'ardeur spirituelle qui pénètre l'homme tout entier et qui lui cause une émotion étrangère à la pure amitié. Sans doute, Socrate flétrit l'amour physique, mais non pas dans tous ses éléments. Il en retient ce charme qui exalte l'âme et qui manque dans un commerce où l'intelligence nue est seule en cause. Il en conserve, peut-on dire, l'élan, sinon l'objet (1).

Cet amour, d'ailleurs, ne saurait aller jusqu'à la passion et au délire, comme l'amour dont parle Platon dans le Phèdre. La possession de soi demeure, ici même, une règle supérieure et inviolable. La distinction platonicienne d'un bon et d'un mauvais délire eût été rejetée par Socrate. Tout délire, selon lui, est un esclavage.

Comment s'explique l'intervention d'un tel état d'âme? Socrate ne songe certainement pas à investir l'amour du rôle que lui assignera Platon, et qui consistera à nous faire pénétrer dans le monde de la beauté, comme dans le vestibule de la vérité transcendante et divine. Pour que l'amour pût apparaître comme doué d'une telle puissance, il faudrait qu'il consistât dans le ravissement et l'extase, tandis que l'amour socratique est inséparable de la possession de soi. Déjà Socrate condamne les poètes parce qu'ils composent leurs ouvrages, non par science, mais par enthousiasme (2). Il eût condamné à plus forte raison, comme sacrilège, la prétention de surprendre, par le délire, les secrets que les dieux ont cachés à notre intelligence.

C'est dans les recherches sur les choses humaines qu'il y a place pour un amour où se réunissent l'attrait sensible et la possession de soi. D'après le principe de la maïeutique, l'âme doit tirer sa sagesse d'elle-même, comme le corps tire de lui-même le fruit auquel il donne naissance. L'âme comme le corps doit donc être fécondée. L'amour inter-

(1) Xén., *Banquet*, c. VIII.
(2) Pl., *Apol.*, 22 b c.

vient ici pour jouer un rôle analogue à celui qu'il remplit dans la procréation physique. Les intelligences se fécondent entre elles comme les corps. Sous l'action de l'amour noble, l'âme devient grosse des nobles pensées et des nobles sentiments. « Oreste et Pylade, Thésée et Pirithoüs et plusieurs autres demi-dieux sont célébrés...., parce que, s'admirant l'un l'autre, ils ont accompli ensemble les plus glorieuses actions (1). » C'était d'ailleurs une idée familière aux Grecs que l'amour des jeunes hommes entre eux exaltait leur courage et les rendait capables de grandes choses.

II. Ainsi, dialogue, ironie, maïeutique, possession de soi-même, amour, tous ces éléments de la méthode socratique, envisagés, non dans des formules abstraites, mais sous leur aspect historique, témoignent de la préoccupation réfléchie et exclusive de constituer la science des choses morales. Mais ce ne sont encore là que les dehors de la méthode. Que faut-il penser de ce qui en fait le fond, savoir du procédé de réfutation qui constitue en quelque sorte la méthode négative, et des procédés de définition et d'induction dont se compose la méthode positive? Ne semble-t-il pas qu'ici du moins nous ayons affaire à des instruments d'une portée vraiment universelle, à des conditions, non seulement de la science des mœurs, mais de la science en général quel qu'en soit l'objet.

En quoi consiste la méthode *réfutation* de Socrate? Socrate commence par ramener la question à la donnée qu'elle suppose (2). Par exemple, si on lui dit que tel homme est meilleur citoyen qu'un autre, il demande à son interlocuteur quel est, selon lui, l'office d'un bon citoyen. L'interlocuteur ayant fait une réponse telle quelle, Socrate lui pose de nouvelles questions sur un certain nombre de cas où l'on applique communément le terme de

---

(1) Xén., *Banquet*, c. VIII.
(2) *Mém.* IV, 6, 13 : ἐπὶ τὴν ὑπόθεσιν ἐπανάγειν ἂν πάντα τὸν λόγον.

bon citoyen. Par là il amène l'interlocuteur à faire des réponses incompatibles avec la première : d'où il résulte que la définition était, ou trop étroite, ou trop large, ou défectueuse par quelque autre endroit (1).

Socrate, quant à lui, a appliqué ce mode de réfutation aux jugements, soit des hommes ordinaires, soit des politiques, des poètes et des artistes en renom (2), soit des professeurs d'éloquence et de vertu, ou sophistes; en somme, il l'a appliqué aux opinions relatives aux choses morales : nous ne voyons pas qu'il s'en soit servi pour réfuter des doctrines physiques ou métaphysiques. Pour ce qui est de ces dernières, il se contente de faire ressortir la contradiction qui règne parmi les philosophes.

Certes le procédé socratique de réfutation peut trouver son emploi en toute matière : c'est pourtant aux choses morales qu'il s'applique le plus légitimement. Socrate, si l'on y prend garde, fait reposer la vérité d'une assertion particulière donnée sur la connaissance du principe général qui se rapporte à cette assertion. Or une telle méthode ne se comprend pas, s'il s'agit de l'ordre des réalités physiques, où le particulier est donné avant le général. Conçoit-on qu'au moment où nous affirmons que nous voyons le soleil tourner autour de la terre on nous arrête en nous demandant si, pour nous exprimer ainsi, nous savons ce que c'est que la vue et ce que c'est que le mouvement? Toutes les philosophies, même la philosophie antique, ont nécessairement subordonné la vérité des principes physiques aux faits et apparences qu'il s'agit d'expliquer, et non l'existence des faits ou apparences à la vérité des principes. Mais, dans l'ordre moral, le particulier n'est pas donné : il est en question. Aristide ne m'est pas donné comme vertueux : je me demande si je dois le déclarer vertueux. La

---

(1) Ex. : *Mém.*, IV, 2 : Entretien de Socrate et d'Euthydème.
(2) *Apol.*, c. vi à viii.

conduite que je dois tenir pour observer la piété n'est pas donnée : elle est à venir, elle n'est que possible. Et comment la déterminer, si ce n'est en partant de l'idée générale de la piété? Socrate a donc raison de subordonner la vérité du particulier à la connaissance du général s'il a en vue spécialement le domaine moral ; car, ici, le particulier n'est que ce que nous le faisons ; et nous ne le faisons tel ou tel qu'en vertu de principes ou lois inhérents à notre esprit. Ces principes, à vrai dire, n'existent chez la plupart des hommes que sous forme d'habitudes ou d'instincts aveugles : de là cette précipitation et cette inconséquence qui se remarque dans leurs jugements. La méthode de Socrate a justement pour objet de substituer à ces causes aveugles et vacillantes des maximes réfléchies et assurées.

Cependant nous n'avons pas encore abordé les deux procédés socratiques qui, plus que tous les autres, semblent être d'une application universelle, je veux dire la définition et l'induction (1) : la définition, objet suprême de la dialectique; l'induction, marche méthodique qui conduit à la définition.

La *définition* est l'expression adéquate de cette essence générale qui est l'objet de la science. La définition socratique a ceci de particulier qu'elle ne se borne pas à donner des choses un signe distinctif : elle prétend énoncer la condition nécessaire et suffisante de leur existence. Elle ne dit pas seulement ce qu'est la chose, vue du dehors : elle pénètre jusqu'à ce qui est capable de la produire. Ainsi ce n'est pas encore définir l'homme juste que de l'appeler : celui qui fait des choses justes. On peut faire des choses justes par hasard, et non par justice ; et l'on peut être juste, sans manifester la justice que l'on porte en soi. Au contraire, dire que l'homme juste est celui qui sait ce que les lois ordonnent relativement aux hommes, c'est en don-

(1) Arist., *Mét.*. XIII, 4, 1078 b, 25.

ner une véritable définition. Car nous ne voyons pas que jamais les hommes fassent autre chose que ce qu'ils croient devoir faire ; et ceux qui connaissent la justice feront nécessairement des choses justes, en toute circonstance (1). Ils ont en eux la capacité universelle de la justice.

Ainsi la définition socratique se fait par l'énonciation de la capacité interne dont la chose à définir est la manifestation extérieure.

Or, où trouve-t-on tout d'abord cette distinction de la chose concrète et particulière et de la puissance invisible et générale, si ce n'est dans l'homme ; et cette recherche d'une essence métaphysique, justifiée, s'il s'agit de l'âme humaine, par la conscience elle-même, ne devient-elle pas au plus haut point téméraire et périlleuse, si l'on prétend l'étendre aux phénomènes extérieurs de la nature ?

Et de même, pourquoi Socrate place-t-il la capacité ou principe *total* de l'action dans une idée, dans la connaissance pure et simple des conditions de l'action, abstraction faite de la force nécessaire pour la réaliser ? C'est que chez l'homme, la force ou activité est toujours présente, et se détermine toujours conformément à la connaissance. Telle est du moins l'opinion de Socrate sur la volonté. La volonté est comme une donnée constante, dont il est pratiquement inutile de faire mention. Il n'en serait pas de même s'il s'agissait de la production des phénomènes physiques ; car, pour ceux-ci, la nature des causes génératrices et leur mode d'action sont inconnus et inaccessibles.

Pour arriver à la définition ainsi conçue, le moyen qu'emploie Socrate est l'*induction*.

Cette opération se compose de deux parties que l'on peut appeler l'invention et la discussion.

Pour découvrir l'essence générale, Socrate prend pour point de départ un certain nombre d'exemples de la chose

---

(1) *Mém.*, IV, 6, 6.

à définir. Mais ces exemples ne consistent pas dans des faits naturels, directement observés : Socrate les cherche exclusivement dans les discours des hommes. Le langage, les opinions, les jugements ordinaires, ou bien encore la nature vue à travers l'homme, telle est la matière de son induction, tel est le sol où elle doit germer. Socrate s'attache même tout d'abord de préférence aux sentiments des hommes sur les petites choses, sur les occupations vulgaires (1). L'initiation aux petits mystères doit, dit-il, précéder l'initiation aux grands. C'est pourquoi il parle constamment de cordonniers, de fabricants de métaux, de charpentiers, de bouviers, ainsi que le lui ont reproché ses ennemis (2).

A l'observation, ainsi entendue, Socrate joint l'analogie. Il fait appel aux choses que l'interlocuteur connaît ; et, lui montrant la ressemblance qui existe entre ces choses et celles qu'il pensait ne pas connaître, il l'amène à découvrir que celles-ci mêmes ne lui sont pas inconnues (3). Qu'est-ce par exemple que l'homme juste ? Nous savons que le charpentier est celui qui sait le métier de charpentier, le musicien celui qui sait la musique, le médecin celui qui sait la médecine. Nous en conclurons par analogie que l'homme juste est celui qui sait la justice (4). Le thème ordinaire, et comme essentiel de ces analogies, c'est le passage, des arts mécaniques et spéciaux, à l'art moral et général, et, en somme, le passage des choses du corps aux choses de l'âme.

Cependant l'observation et l'analogie ne donnent que des résultats provisoires : seule la discussion fournit des résultats définitifs. Ayant une fois inventé une formule générale

---

(1) *Gorgias*, c. LI, p. 497, b c.
(2) *Mém.*, I, 2, 37.
(3) Xén., *Économiques*, 19, 15.
(4) *Gorgias*, 460, b.

grâce à la considération d'un ou plusieurs cas judicieusement choisis, Socrate considère le plus grand nombre de cas possible, et confronte sa formule avec tous ces exemples, la maintenant sans changement si elle résiste à l'épreuve, la modifiant comme il convient si elle n'y résiste pas. Non seulement il varie, mais il renverse l'expérience, cherchant la définition de l'objet contraire, et vérifiant si cette nouvelle définition est bien à la précédente comme la négation est à l'affirmation.

Telle est l'induction socratique. Or tous les détails de ce procédé conviennent aux choses humaines, tandis qu'ils s'appliquent mal aux choses physiques ou métaphysiques.

Prendre pour point de départ le langage et les discours de la vie commune, et non les faits extérieurs, est une méthode justement taxée de vaine et de fantastique s'il s'agit de connaître l'essence absolue de l'être et des choses ; mais c'est une méthode fort naturelle et légitime si l'on n'a en vue que de démêler ce qui est au fond des jugements des hommes. Et de même on conçoit très-bien que le philosophe donne une attention particulière aux choses vulgaires et communes s'il se propose de connaître l'homme ; car c'est dans cet ordre de choses que la nature humaine se montre telle qu'elle est, dégagée du masque que mettent sur elle la convention et la fausse science.

L'emploi complaisant de la méthode d'analogie, le rang de preuve attribué à ce mode de raisonnement serait le fait d'un esprit peu scientifique, s'il s'agissait d'embrasser dans ses recherches tous les domaines de la réalité. Mais s'il s'agit de se mouvoir dans un seul et même domaine, et si ce domaine est celui des choses humaines, l'analogie est une bonne méthode. Car alors elle se borne à aller d'une espèce à l'autre au sein du même genre, et cela dans l'ordre de choses qui nous est le plus familier et où il nous suffit de rentrer en nous-mêmes pour trouver à chaque pas des points de repère.

Enfin le procédé socratique de discussion et de contrôle demeure une méthode fort incertaine et insuffisante, s'il s'agit de connaître les choses de la nature. Socrate s'efforce de vérifier son induction par l'examen de tous les cas qui peuvent se présenter. Mais comment rassembler tous les cas d'un même genre, dans l'ordre des choses physiques et matérielles? Comment susciter à volonté les manifestations de l'essence opposée à celle dont on cherche la définition? Sans doute l'expérimentation moderne devait réaliser ces conditions dans une certaine mesure. Mais les anciens n'avaient aucune idée d'un tel mode d'investigation. Au contraire, ils devaient penser que, dans l'ordre des choses humaines, les conditions dont il s'agit ici étaient suffisamment réalisables. S'il est insensé de prétendre connaître tous les cas différents où peut se rencontrer le chaud, le froid, la génération ou la destruction, il paraît plus facile de donner une énumération complète des actions que nous appelons justes et de celles que nous appelons injustes. Le nombre des noms qui représentent ces actions est limité, et tous les noms sont à la disposition de l'homme puisqu'ils sont son œuvre. Cette possibilité d'embrasser le domaine entier des choses morales devait surtout être admise dans une nation où les conditions de la vie humaine étaient relativement simples, où l'ensemble des devoirs se groupait naturellement autour d'un petit nombre d'idées précises et concordantes, où l'on ignorait ces conflits de l'individu et de la société, de la conscience et de l'intérêt public, de la famille et de la patrie, de la patrie et de l'humanité, du bien être physique et de la haute culture, qui ont introduit dans la vie morale des peuples modernes une complication inextricable.

A l'induction et à la définition ainsi entendues se borne la méthode logique de Socrate. Aristote reproche à cette dialectique, qui procède exclusivement par interrogations, de s'en fier à l'opinion commune, et de ne pas dépasser la vraisemblance. Il fera appel, quant à lui, à une intuition spéciale et directe, condition indispensable de démonstrations infaillibles (1). Le reproche d'Aristote se comprend, s'il s'agit d'atteindre aux premiers principes de toutes choses. Mais s'il s'agit uniquement de chercher au fond de la nature humaine une règle pour les jugements et la conduite des hommes ; s'il s'agit de démêler et d'énoncer les principes qu'applique la raison de l'homme lorsqu'elle se recueille et s'affranchit de la routine et de la passion, afin de trouver dans ces principes, devenus objets de conscience claire, une arme contre la routine et les passions elles-mêmes ; s'il s'agit en un mot d'affranchir l'homme par la connaissance de l'homme, on comprend que Socrate se soit contenté de l'observation des phénomènes humains et n'ait pas cherché à lire, par une intuition métaphysique, dans les mystères de la pensée absolue.

## IV

Ainsi la nature et la portée de la méthode socratique sont exactement proportionnées à l'objet que Socrate avait en vue, et qui était la constitution de l'éthique comme science. Réciproquement, la doctrine concrète de Socrate, ses conclusions sur les choses et sur l'homme sont précisément ce qu'on pouvait attendre de l'emploi d'une telle méthode. La matière répond à la forme comme la forme à la matière.

Il peut sembler, à jeter un coup d'œil d'ensemble sur l'enseignement de Socrate, que la science qu'il constitue franchit, en fait, les limites marquées par sa méthode, et embrasse, en un sens, non-seulement les choses humaines, mais encore les choses physiques et les choses divines.

S'il rejette la physique mécaniste des anciens philosophes, n'est-ce pas pour y substituer une physique téléologique (2)?

(1) *Dern. Anal.*, 1, 2. *Soph. el.*, c, xi.
(2) *Mém.*, I, 4 ; IV, 3.

S'il condamne la théologie cosmologique, ou recherche de la manière dont les dieux ont formé l'univers, ne préconise-t-il pas ce qu'on peut appeler une théologie morale, s'appliquant à démontrer l'existence d'une intelligence et d'une providence divines (1)? La place considérable que tiennent, dans les *Mémorables* eux-mêmes, les spéculations de ce genre, l'originalité des vues de Socrate sur ces objets, ont induit certains critiques à y voir non-seulement des parties de la philosophie de Socrate, mais même les parties maîtresses. C'est ainsi que, pour M. Fouillée, Socrate est essentiellement le promoteur d'une métaphysique téléologique, et que, pour M. Franck (2), Socrate est, avant tout, un philosophe théologien.

Mais pour savoir si la téléologie et la théologie morale font partie intégrante de l'objet de la science selon Socrate, il ne suffit pas de rechercher si Socrate a émis des idées sur ces matières. Il faut en outre se demander quel est le rapport de ces idées avec les principes fondamentaux de sa philosophie.

Or, des idées téléologiques et théologiques de Socrate on peut faire deux parts : l'une qui franchit les limites de l'éthique, mais qui nous est en même temps donnée pour le fruit d'une inspiration surnaturelle supérieure à la science, l'autre qui a un caractère plus scientifique, mais qui se rattache à l'éthique comme à sa source et à sa raison d'être. Lorsque Socrate parle de son signe démonique et de la faculté qu'il lui doit de prévoir quelquefois l'avenir (3), lorsqu'il parle de la divinité voisine de chacun de nous et prête à avertir qui fait silence pour l'entendre, lorsqu'il déclare que craindre la mort c'est se croire sage sans l'être, parce que c'est croire savoir ce que l'on ne sait pas (4), il est

---

(1) *Mém.*, l. c.
(2) *Journal des Savants*, oct. 1881.
(3) *Mém.*, I, 1, 3 à 5.
(4) *Apol.*, 29 a.

clair qu'il parle de ces choses qui, n'étant pas en notre pouvoir, sont, tout de même, hors de la portée de notre science (1).

Quand au contraire il traite des choses physiques et divines suivant une méthode scientifique, on le voit préoccupé de considérer les choses, non en elles-mêmes, mais du dehors et par rapport à l'homme. Ainsi il tend constamment à substituer aux dieux les démons, plus voisins de nous, et aux démons mêmes les simples phénomènes démoniques ou signes visibles des dieux, perçus directement par l'homme (2). Il croit que nous ne pouvons pas voir les dieux, et que nous ne voyons que leurs manifestations à notre égard (3). L'ordre et l'harmonie que les dieux ont pu mettre dans les choses consiste pour nous dans l'appropriation de ces choses à nos besoins (4). De la sorte, les objets physiques ou théologiques sont ramenés à des objets moraux et humains.

Ces conjectures sur l'adaptation de la nature extérieure aux besoins de l'homme, outre qu'elles découlent naturellement, chez Socrate, d'un sentiment religieux très sincère et très profond, sont appelées par sa doctrine éthique, suivant laquelle le bonheur de l'homme dépend de lui, de la seule connaissance de lui-même. Comme, malgré ses efforts pour se suffire, l'homme ne peut se détacher de la nature physique, il faut bien, s'il prétend être bon et heureux sans s'occuper des choses extérieures, qu'il admette que les dieux s'en occupent pour lui et les dirigent dans le sens de ses besoins. La téléologie et la doctrine de la providence étaient les *postulats* nécessaires de la morale socratique.

Ce rôle même nous montre qu'elles sont des compléments, non des parties essentielles, de la philosophie de Socrate.

(1) *Mém.*, I, 1, 9.
(2) *Apol.*, 27 b c.
(3) *Mém.*, IV, 3 13.
(4) *Mém.*, IV, 3. 1 4.

L'objet propre de cette philosophie, non-seulement en théorie, mais en fait, c'est celui-là même que les sophistes avaient mis en honneur, c'est l'art, ou habileté pratique, mais entendu d'une manière originale qu'il s'agit maintenant d'approfondir.

L'art, pour Socrate, n'est pas la recherche du bien absolu, la faculté de régler nos actions sur la totalité des conséquences qui doivent en résulter, de manière à n'accomplir que celles dont les suites même les plus éloignées seront conformes à nos vœux. Les dieux se sont réservé la connaissance de l'issue finale de nos entreprises. Celui qui plante un verger sait-il qui en recueillera les fruits? Celui qui bâtit une maison sait-il qui l'habitera (1)?

Mais, d'un autre côté, l'art digne de ce nom n'est pas non plus semblable aux professions spéciales telles que celles de charpentier, de cordonnier ou d'armurier. Ces hommes se proposent de réaliser tel ou tel objet particulier matériel : l'art poursuit une fin générale et immatérielle, savoir le bien et le bonheur de l'homme. C'est ce que déjà les sophistes ont enseigné, et avec raison. Mais si les sophistes ont eu l'idée de ce qu'on peut appeler la fin morale, ils se sont trompés sur la manière d'y parvenir. Ils ont cru qu'il était assez pour cela d'une pratique routinière analogue à celle qui réussit dans les professions spéciales. Cependant, même dans ces professions, la routine est loin de suffire. Tout bon artisan a non-seulement la pratique, mais la science de son métier, dans la mesure où son métier peut être objet de science. Une analogie bien conduite nous amènera à penser que l'art moral doit être, lui aussi, une science, et cela suivant l'acception que comporte le mot science dans le domaine moral.

En résumé, l'art moral, intermédiaire entre la religion et les professions spéciales, l'art qui a pour fin le bien et le

(1) *Mém.*, I, 1, 8.

bonheur actuel de l'homme, et pour ressort la science des choses humaines : tel est l'objet des réflexions de Socrate.

Or cet objet répond exactement à son idée de la science. Celle-ci cherche le général qui forme la trame des discours des hommes, c'est-à-dire les catégories sous lesquelles ils rangent les choses particulières. Mais n'est-ce pas dans les choses morales que se rencontre excellemment ce rapport de genre à espèce, de principe à application, de connaissance latente à connaissance manifeste, que suppose une telle idée de la science? Les choses morales ne renferment pas en elles l'absolu, l'un en soi, le principe suprême de l'être et du connaître; mais la science socratique ne vise pas si haut. En revanche, et contrairement à l'opinion des sophistes, il y a, au sein de la nature humaine elle-même, des points fixes et solides, qui offrent prise à une science satisfaite du général.

Ne sont-ce pas d'ailleurs les choses morales qui forment la matière ordinaire des discours des hommes? N'est-ce pas sur ces questions que chaque homme a acquis de l'expérience et peut avancer une opinion digne d'examen? C'est donc en cet ordre de choses qu'il y aura le plus de chances de succès pour une science qui cherche ses éléments dans les discours des hommes même les plus humbles.

Calculée en vue de la connaissance des principes moraux, la méthode socratique a ainsi réagi sur la conception des choses morales elles-mêmes. A la lumière de l'idée de science, Socrate a démêlé, dans la nature humaine, ce fonds de notions communes et invariables qui avait échappé aux sophistes; tout ce qui est humain s'est dès lors revêtu, aux yeux du philosophe, d'une dignité nouvelle.

Cette réaction de la méthode sur l'objet n'apparaît pas moins nettement dans les détails de la morale socratique.

On y peut distinguer deux parties essentielles : 1° le principe général : toutes les vertus sont des sciences (1) ; 2° la déduction des vertus fournie par ce principe.

I. En quel sens Socrate a-t-il professé que toutes les vertus sont des sciences ?

Selon M. Edouard Zeller (2), la science dont il est ici question serait la science en général, la science de la nature des choses. Mais dans aucun texte relatif à notre question, nous ne trouvons cette expression abstraite : *la science*. Tous disent plus ou moins explicitement : les vertus sont *des sciences* (3).

La vertu n'est donc pas identifiée avec la science en général, mais avec une certaine science. Quelle est maintenant cette science ?

Selon M. Fouillée (4), la science dont parle Socrate serait la science du bien en soi, c'est-à-dire la science de la valeur réelle et absolue des choses.

Mais un tel objet dépasserait la fin qu'il s'agit d'atteindre. Quand il est question, dit Socrate, de devenir un bon cordonnier, un bon pilote, un bon musicien, la science que chacun juge indispensable, c'est celle de la cordonnerie, de la direction des navires, de la musique : seule, cette science spéciale fait, en chaque ordre de choses, l'homme compétent. Or c'est aussi la compétence que Socrate préconise en matière morale. Et l'analogie qu'il établit constamment entre les professions spéciales et la pratique de la vertu montre que ce n'est pas dans une science universelle nécessairement vague, mais dans la science de la vertu elle-même, qu'il place la condition de cette compétence nouvelle. Si Socrate se sépare des sophistes qui rapprochaient

---

(1) Arist. *Eth. Nic.*, VI, 13, 1144 b, 28.
(2) II, 93, 117.
(3) *Mém.*, III, 9, 5 ; IV, 2, 22 ; IV, 6, 7. — Ar., *Eth. N.*, VI, 13, 1144 b, 17.
(4) *La Phil. de Soc.*, t. I, 177, 281, 285.

outre mesure l'art moral des arts mécaniques, il ne va pas jusqu'à abolir toute analogie entre ceux-ci et celui-là. La vertu est encore un art déterminé et spécial ; les hommes justes ont leurs œuvres propres, aussi bien que les artisans (1).

La science ainsi entendue, c'est-à-dire la science spéciale de la vertu elle-même, est, selon Socrate, la définition ou essence de la vertu. Socrate entend par là qu'elle en est la condition nécessaire et suffisante.

Elle en est la condition nécessaire. Si la compétence est nécessaire dans les arts mécaniques, comment serait-elle superflue dans un art certes plus délicat et compliqué, puisqu'il a pour matière des choses invisibles, accessibles au seul entendement ? Le vulgaire croit à tort qu'en matière morale la nature suffit ; vainement les sophistes ont-ils à la nature substitué l'exercice. Celui qui ignore la définition du bien pourra le rencontrer quelquefois, par un heureux hasard, mais il ne sera jamais sûr de ne point passer à côté. Il risquera même de prendre le mal pour le bien et réciproquement. Faute de posséder, par exemple, la définition du juste, on pourra croire qu'il est toujours injuste de tromper autrui et de lui nuire, tandis qu'il est juste de tromper les ennemis et d'asservir une nation injuste (2). Faute de posséder la définition du juste, on s'arrêtera à examiner une question comme celle-ci : « Qui est le plus injuste, de celui qui trompe volontairement, ou de celui qui trompe involontairement (3) ? » et l'on s'étonnera de trouver des arguments à l'appui de l'une comme de l'autre thèse, alors qu'au fond la question est absurde, les termes « injuste » et « volontairement » s'excluant immédiatement l'un l'autre. La science rend bonnes certaines

(1) *Mém.*, IV, 2, 12.
(2) *Id.*, IV, 2, 14 à 15.
(3) *Id.*, IV, 2, 19.

actions qui, sans elle, seraient indifférentes ou même mauvaises, par exemple l'emploi de l'argent. C'est par la science et par elle seule que l'habileté dans la parole et dans l'action devient une vertu : livrée à elle-même, cette habileté risque de rendre les hommes plus injustes et plus malfaisants qu'ils ne l'étaient naturellement (1).

Non seulement la science est nécessaire, mais elle est *suffisante* pour engendrer la vertu. Cette doctrine est ce qu'on peut appeler le paradoxe socratique. Peut-être le paradoxe est-il moins fort qu'il ne semble au premier abord. Certes, il serait étrange que Socrate attribuât à la science une telle efficacité s'il s'agissait d'une science purement théorique, ou même de la science du Bien en soi et de la valeur rationnelle des choses. Une telle connaissance, objecterait-on, fournit une loi à l'intelligence, mais ne détermine pas la volonté. Mais la science dont parle Socrate est tout simplement la science de la convenance et de l'utilité des choses au point de vue humain; c'est la connaissance du rapport qui existe entre les choses et la fin que l'homme poursuit de lui-même, naturellement et nécessairement. « Pour être obéi de mes subordonnés, dit à Socrate un commandant de cavalerie (2), me suffira-t-il donc de leur montrer que je leur suis supérieur? — Oui, répond Socrate, pourvu que tu leur prouves en outre que t'obéir est pour eux plus beau et plus utile que le contraire (κάλλιόν τε καὶ σωτηριώτερον αὐτοῖς). » Socrate raisonne ainsi : Il est constant que les hommes font toujours ce qu'ils croient devoir faire, c'est-à-dire ce qu'ils considèrent comme étant pour eux le plus profitable. Si donc on leur démontre que la vertu est ce qui, pour eux, est le plus profitable, ils pratiqueront infailliblement la vertu. Socrate, en somme, transporte à la *science* du bien l'efficacité pratique qu'il constate à chaque pas dans la

---

(1) *Mém.*, IV, 3, 1.
(2) *Id.*, III, 3, 10.

simple *opinion* du bien. Il y a plus : la science du bien lui paraît devoir être plus puissante encore pour déterminer l'homme que ne peut être la simple opinion du bien, parce que la science est inébranlable tandis que l'opinion est chancelante.

M. Fouillée (1) veut que le paradoxe socratique consiste essentiellement dans la négation du libre arbitre. Ce paradoxe consiste bien plutôt dans la prétention de démontrer que la vertu est toujours, pour l'homme, ce qu'il y a de plus avantageux.

Quant au libre arbitre, Socrate l'omet plutôt qu'il ne le nie. Et, en effet, le libre arbitre est à peu près inutile dans une doctrine qui ne demande à l'homme que d'embrasser le parti qu'il jugera le plus beau et le plus avantageux. Ce mode de détermination, selon Socrate, est celui-là même du vulgaire ; il est tout spontané, et n'implique pas la conscience de pouvoir se déterminer en sens contraire.

On peut objecter, il est vrai, que pour qu'un homme juge insuffisante la simple opinion du bien et cherche en quoi consiste le bien véritable, il lui faut faire un effort qui implique l'intervention du libre arbitre.

Socrate n'a garde d'omettre la nécessité d'un tel effort ; mais il le rapporte à l'empire sur soi et à la tempérance, qui elle-même est à ses yeux une science, la première de toutes (2). L'obligation de l'empire sur soi-même et de la tempérance se démontre de la même manière que l'obligation de toutes les autres vertus : par ses effets utiles. D'ailleurs, en ce qui concerne cette condition première de toute vertu, Socrate ne dit nullement que le libre arbitre n'ait aucun rôle à jouer. La négation du libre arbitre pourrait se déduire de la doctrine, si Socrate interposait expressément l'empire sur soi-même (ἐγκράτεια) entre la

(1) I, 173.
(2) *Mém.*, I, 5, 4.

science (σοφία) et le tempérance (σωφροσύνη), comme une conséquence de la première et rien de plus, ainsi que le veut M. Fouillée (1). Mais Socrate fait de l'empire sur soi-même une condition de la science aussi bien qu'un résultat. « Ne te semble-t-il pas, dit-il, que le défaut d'empire sur soi-même (ἀκρασία) détourne les hommes de la science (σοφία), qui est le plus grand des biens, pour les porter vers son contraire (2)? » « A ceux-là seuls qui se possèdent, dit-il ailleurs, il est donné de pratiquer la dialectique (3). » Ce n'est donc pas une science abstraite, c'est une science vivante, action et connaissance tout ensemble, qui est la racine de la vertu.

Par là se détermine assez nettement le rapport que Socrate a établi entre la science et la pratique. Il soutient que la science engendre la vertu, et joue à son égard le rôle de cause efficiente; mais il soutient en même temps que la recherche de la science a pour ressort le désir d'arriver à la vertu, et qu'ainsi la vertu joue à l'égard de la science le rôle de cause finale. La science est à la fois cause et moyen, la vertu à la fois fin et résultat. Il y a entre les deux termes solidarité, action réciproque. Qu'un tel rapport soulève des difficultés pour qui veut l'approfondir, c'est ce qu'il faut bien accorder. Mais Socrate a pu le trouver suffisamment clair à une époque où la cause efficiente et la cause finale n'avaient pas encore été étudiées pour elles-mêmes, et où la volonté était encore mal distinguée de l'intelligence.

Si telle est la doctrine de Socrate sur les rapports de la science et de la vertu, Socrate a sans doute, très explicitement, dépassé le point de vue de la morale vulgaire qui se borne à donner des préceptes isolés sans les rattacher à au-

---

(1) I, 173.
(2) *Mém.*, IV, 5. 6.
(3) *Mém.*, IV, 5, 11.

qu'un principe. Il a également dépassé le point de vue des anciens sages et des grands écrivains de son temps, qui se bornaient à tirer directement de leur conscience des maximes parfois profondes, sans chercher à les démontrer scientifiquement. Il a, le premier, fait de la science un élément intégrant de la morale. Le premier, il a ramené l'action, qui apparaît comme individuelle, à la connaissance vraie, qui est universelle.

Mais ce n'est pas à dire pour cela qu'il ait appliqué à la morale l'idée universelle de la science, et non simplement cette idée d'une science de l'homme qui est le terme de sa dialectique. Où puiser la connaissance rationnelle du bien et de la vertu, qui est tout ce que Socrate, ici même, entend par la possession de la science, sinon dans les discours des hommes, témoignage immédiat de leurs aspirations, de leurs besoins et de leur expérience? Quel plus sûr moyen de donner des choses une définition pratique, exprimant l'intérêt qu'elles présentent pour l'homme, que d'employer cette analogie et cette induction qui prennent pour base unique les faits humains eux-mêmes, et les interprètent à la seule lumière de la raison humaine? De même, quelle science aura le plus de chance d'agir sur la volonté, quelle science méritera le mieux cet éloge hardi : οὐδὲν ἰσχυρότερον φρονήσεως (1), si ce n'est cette science vraiment vivante, que la maïeutique socratique dégage de notre propre âme, et qui n'est, au fond, que la conscience de notre propre nature? Si l'on y prend garde, les détails de la doctrine des rapports de la vertu et de la science coïncident à chaque pas avec les détails de la dialectique, de telle sorte que, celle-ci étant posée, celle-là s'ensuivait nécessairement.

La dialectique, issue de l'idée générale et encore vague de la science morale, réagit sur cette idée et la détermine. La science morale n'est que la dialectique en acte.

(1) *Eth. End.*, VII, 13.

II. On aboutit à une conclusion analogue, si l'on examine la second partie de la morale socratique, à savoir la déduction des vertus fournie par le principe général de la morale.

Quelles sont les principales maximes de cette science du bien qui est la condition nécessaire et suffisante de la vertu?

Socrate distingue à cet égard le bien en général et les biens particuliers.

Le bien en général, c'est l'utile, mais l'utile vrai, distingué de l'agréable (1). Toute la morale consiste à distinguer ce qui fait effectivement notre bien de ce qui semble le faire, mais ne nous procure en réalité qu'un plaisir passager, peut-être même un détriment. Pourquoi l'intempérance est-elle mauvaise? C'est, dit Socrate, qu'elle détourne l'homme des choses utiles (ὠφηλοῦντα) pour le porter vers les choses agréables (ἡδέα) (2).

Si Socrate distingue fortement ce qui est bon en réalité de ce qui n'est bon qu'en apparence, nous ne voyons pas qu'il pense à un bien absolu, dont le bien de l'homme ne serait qu'une manifestation particulière. Il paraît avoir identifié complètement le bien avec l'utile (3); et s'il recommande l'acquisition de la science, la pratique de la justice, le soin de l'âme et les plus hautes vertus, c'est en tant qu'il les juge utiles pour le bonheur de l'homme. Le jour même où il préfère la mort à la honte, la raison qu'il en donne, c'est qu'en l'absence du signe démonique qui d'ordinaire l'avertit quand il va faire une chose destinée à lui nuire, il est convaincu que la mort ne lui causera aucun détriment (4).

Cette doctrine est visiblement, dans la philosophie socra-

---

(1) *Mém.*, IV, 6, 8.
(2) *Mém.*, IV, 5, 6.
(3) Voy. *Mém*, IV, 6, 8.
(4) *Apol.*, c. xxix sqq.

tique, la réaction de la forme sur la matière. La matière, c'était tout d'abord l'idée vague de plaisir et de bien-être, telle qu'elle se rencontrait dans les raisonnements des sophistes sur le but de nos actions. Or la science, c'est, pour Socrate, la recherche du général. Dès lors, au contact de l'idée de science, l'idée de bien-être se dédouble, et engendre d'une part l'idée du plaisir pur et simple, ou jouissance fortuite et passagère, incapable de devenir objet de science, d'autre part l'idée de l'utilité vraie et du bonheur, répondant, par sa généralité, aux conditions de la dialectique. L'utilité vraie est cet objet, à la fois stable et humain, dont chacun de nous porte en soi le type et la mesure, et qu'il appartient à la maïeutique, à l'induction et à la définition de dégager et de déterminer.

Quelle est maintenant la doctrine de Socrate sur les biens particuliers ?

On se représente quelquefois Socrate comme déduisant à priori les biens particuliers de l'idée du bien absolu, comme jugeant la coutume et la légalité au nom de la raison et de la justice. Telle n'est nullement sa manière de procéder. Loin de faire le procès à la tradition et à la loi positive, au nom de la raison, c'est dans le traditionnel et le positif qu'il cherche l'expression du rationnel. Les biens particuliers sont, selon lui, les choses mêmes que les hommes s'accordent à considérer comme bonnes : la santé et la force du corps et de l'âme (1), l'aisance domestique (2), les connaissances utiles (3), les relations de famille et d'amitié (4), la société civile et la prospérité de la patrie (5), la bonne

---

(1) *Mém.*, III, 12, 4, 6.
(2) II, 17.
(3) IV, 2, 23 à 35.
(4) II, 3, 19.
(5) III, 7, 9.

réputation (1), d'une manière générale l'habileté dans la conduite de la vie.

Socrate ramène expressément le juste au légal, la piété à l'observation des lois religieuses de son pays. « φημὶ γὰρ ἐγώ (2) τὸ νόμιμον δίκαιον εἶναι..... τὸ αὐτὸ νόμιμόν τε καὶ δίκαιον : je dis que la justice consiste dans l'observation de la loi, que juste et légal, c'est tout un. » Qu'est-ce d'ailleurs que la loi? C'est ce que les citoyens assemblés ont décrété par écrit comme devant être fait ou évité (3). La piété elle-même ne consiste en autre chose, sinon à connaître et pratiquer les lois de son pays relatives aux dieux : τὰ περὶ τοὺς θεοὺς νόμιμα (4).

Socrate, il est vrai, parle aussi de lois divines et non écrites (5). Mais il entend par là, non des lois d'un caractère abstrait et universel, mais des lois positives (νόμιμον) aussi bien que les lois humaines. Ces lois sont écrites dans l'âme, si elles ne le sont pas sur des tablettes matérielles. Quand Socrate veut en donner des exemples, il cite la prescription d'honorer les dieux, la défense d'épouser ses propres enfants, toutes maximes qui ont le caractère de statuts positifs. « Dans l'ordre divin comme dans l'ordre humain, dit-il expressément, le juste se ramène au légal (6). »

Là toutefois ne se borne pas la doctrine de Socrate sur les biens particuliers. A la morale commune et traditionnelle, comme matière, il joint l'idée de science comme forme; et, au contact de cet élément nouveau, la morale, sans qu'il y paraisse tout d'abord à l'extérieur, se transforme jusque dans son fond.

La première fonction de la science est de justifier, de

(1) II, 1, 31.
(2) *Mém.*, IV, 4, 12.
(3) *Id.*, IV, 4, 13.
(4) *Id.*, IV, 6, 4.
(5) *Id.*, IV, 4, 19.
(6) *Id.*, IV, 4, 25.

déduire ce que le sens commun et la tradition ne nous donnent que comme des faits suspendus dans le vide.

Cette déduction a lieu en montrant que toutes les actions que le sens commun et la tradition nous prescrivent sont propres à nous assurer des avantages, tandis que le contraire de ces actions doit tôt ou tard nous causer du détriment. Ainsi, la tempérance est un bien parce qu'elle est la condition du plaisir, parce qu'elle nous aide à supporter la privation, parce qu'elle nous fait estimer de nos semblables. Si l'on a besoin d'un général, d'un précepteur, d'un intendant, c'est l'homme tempérant que l'on choisira et non l'homme intempérant (1). L'observation des lois civiles est un bien, parce qu'en toutes circonstances ceux qui observent les lois sont mieux traités dans l'État; dans la vie publique ou privée, ce sont ceux-là qui inspirent le plus de confiance (2). Le raisonnement est le même à l'égard des lois non écrites. Les observer est un bien; car, qui les viole est puni : ainsi, les parents qui épousent leurs enfants ont des rejetons mal conformés (3). C'est en ce sens que Socrate affirme que le légal est en même temps juste. Une loi est juste, en tant que l'observation de cette loi procure des avantages, tandis que la violation a des suites funestes (4).

La science déduit ainsi et justifie les lois établies. Mais ce n'est pas tout. En même temps que le sage, par la science, se rend compte de la valeur rationnelle de la tradition et de la légalité, et apprend ainsi à se conformer aux lois de son pays, non en aveugle, comme le vulgaire, mais par réflexion et raisonnement, il conçoit l'action accomplie par science comme supérieure à l'action qui émane de l'instinct ou de la coutume. La science ne lui apparaît plus seu-

---

(1) *Mém.*, IV, 5.
(2) *Id.*, IV, 4, 17.
(3) IV, 4, 19, sqq.
(4) *Mém.*, IV, 4, 25.

lement comme confirmant les règles positives de la morale : elle devient elle-même une condition indispensable de la vertu, la racine de toute vertu, la vertu par excellence. Agir sous la seule influence de la nature, comme les prophètes et les devins (1), ce n'est pas seulement s'exposer à faillir toujours par quelque endroit, c'est n'avoir que le masque de l'art ou de la vertu. Celui-là seul qui est vertueux par science (σοφία), mérite vraiment le nom de vertueux. Rien d'aveugle ou d'irréfléchi ne saurait être bon ; par contre, du moment que l'homme est en possession de lui-même, ses actions sont nécessairement bonnes. C'est ainsi que Socrate se refuse à exciter la compassion chez ses auditeurs, parce que la compassion est un sentiment aveugle (2). En revanche, il déclare que n'ayant jamais fait de mal le voulant et le sachant (ἑκών), il est assuré par là qu'il n'a effectivement jamais fait de mal (3).

L'état d'âme qui correspond immédiatement à la science, parce qu'il en est à la fois la condition et le premier résultat, c'est l'empire sur soi-même (ἐγκράτεια) ou la liberté (ἐλευθερία). L'empire sur soi-même devient ainsi la première de toutes les vertus (4), celle qu'il est à la fois nécessaire et suffisant de posséder pour bien faire en toutes circonstances. Pour savoir comment il doit agir, le sage n'a, en définitive, qu'une question à se poser : telle conduite convient-elle, oui ou non, à un homme libre ?

Là est le secret de toute la vie de Socrate. S'il refusait l'argent de ses auditeurs, ce n'était pas libéralité ou crainte des détracteurs, c'est qu'il estimait que recevoir de l'argent de quelqu'un, c'est le constituer son maître (5). S'il

---

(1) *Apol.*, 22 B.
(2) *Id.*, 35 B.
(3) *Id.*, 37 A.
(4) *Mém.*, I, 5, 4.
(5) *Id.*, I, 5, 6.

préconisait le travail manuel, ce n'était pas par sympathie pour les occupations des humbles, c'est qu'il y voyait une source d'aisance matérielle et d'indépendance (1). S'il est vrai qu'il lui est arrivé de marcher pieds nus sur la glace et de rester debout un jour et une nuit à la même place (2), ce ne fut pas fanfaronnade, mysticisme ou folie : c'étaient là des expériences qu'il instituait sur lui-même pour voir jusqu'où pourrait aller son indépendance à l'égard des choses. De même encore, s'il supporte l'humeur acariâtre de sa femme Xanthippe, ce n'est pas résignation ou indulgence, c'est que sa femme lui fournit un précieux moyen de s'exercer à l'empire sur soi-même. S'il se plaît aux festins, s'il converse sans embarras avec la courtisane Théodote (3), s'il trouve bon que dans les relations des sexes, on obéisse à la nature pourvu seulement qu'on ne se crée point d'embarras (4); s'il admet entre les jeunes hommes un genre d'amour si étrange et si périlleux, c'est que dans tout cela il ne voit rien qui ne se concilie avec la possession de soi, qui ne soit un témoignage ou un instrument de liberté.

Dans cette suprême conception de la vie, les règles positives et traditionnelles de la morale ne sont nullement laissées de côté ; mais du rôle de principes elles descendent à celui de matière ou de conditions extérieures. Le sage se possède, et cela lui suffit : au demeurant, il parle et agit comme tout le monde. Il prend conscience de sa liberté dans l'observation même des lois et coutumes de son pays. Ces lois règlent ses actions extérieures, comme la science règle sa disposition intérieure ; et l'harmonie entre les deux disciplines s'établit d'autant mieux que la possession de soi, seul com-

(1) *Mém.*, II, 7, 4.
(2) Plat., *Banquet,* c. XXXV-XXXVI.
(3) *Mém.*, III, 11.
(4) *Mém.*, I, 3, 14.

mandement de la loi intérieure, se concilie d'elle-même avec les modes d'action extérieure les plus multiples et les plus divers. Il est clair d'ailleurs que, parmi toutes les disciplines positives qui peuvent se concevoir, le sage se déterminera pour celle de sa nation. Quoi de plus favorable, en effet, à la vie intérieure où il aspire, que l'accord avec les hommes parmi lesquels il vit? Quoi de plus contraire, en revanche, au recueillement et à la possession de soi, que ce conflit avec les choses, qui nous agite, nous trouble, et nous tire hors de nous?

Toute cette doctrine aboutissait à deux aphorismes célèbres : « la vertu est une » et « la vertu s'apprend. »

Par l'unité de la vertu, Socrate n'entendait pas, à la manière des mystiques, l'élimination de toutes les vertus particulières au profit de telle ou telle perfection transcendante. Il voulait dire simplement que toutes les vertus ont une racine commune, qui est la science du bien telle qu'il la comprenait. Pour le sage, la diversité des vertus honorées parmi les hommes n'est que la multiplicité d'aspects que présente la vertu maîtresse selon les objets divers auxquels elle s'applique. La vertu n'était ainsi ni absolument une, ni tout à fait multiple : elle était l'unité dans la multiplicité, la science du bien et la possession de soi réalisées au sein des vertus consacrées par la tradition.

Socrate professait que la vertu s'apprend, mais il n'entendait nullement dire par là qu'elle s'apprend au moyen d'un enseignement ou d'une spéculation purement théoriques, comme pouvaient s'apprendre les doctrines des physiologues. Elle ne s'apprenait pas non plus, selon lui, par la seule pratique, comme l'avaient cru les sophistes. La vertu s'apprend, dit Socrate, par l'instruction jointe à l'exercice ($\mu\acute{\alpha}\theta\eta\sigma\iota\varsigma$ et $\mu\epsilon\lambda\acute{\epsilon}\tau\eta$). Les textes où il est question de cette doctrine (1) montrent tous clairement que Socrate ne

---

(1) *Mém.*, III, 9. 2. — IV, 1, 3. — I, 2, 19. — Cf. *Lachès*, 190 e.

sépare pas ces deux termes. Juste conséquence de l'union intime d'un élément théorique et d'un élément pratique au sein de la science même qui est le principe de la sagesse.

Si telle est la doctrine de Socrate sur les biens particuliers, elle porte, comme sa doctrine du bien en général, l'empreinte de la dialectique socratique. Le respect scrupuleux de la tradition et des lois de son pays est conforme à cette méthode qui place le point de départ de la connaissance, non dans la raison pure, mais dans les notions communes. Le philosophe ne pourrait sans contradiction retourner contre ces notions les principes mêmes qu'il en a tirés.

D'autre part, le dialecticien doit remonter le plus haut possible dans la recherche des principes généraux qu'impliquent les discours des hommes. Or, c'est en accomplissant cette tâche que Socrate en arrive à placer l'essence de la vertu, non dans les actes extérieurs conformes à la légalité, mais dans la science du bien et la possession de soi, qui sont, de ces actes, le fonds commun et permanent. La science du bien et la possession de soi sont aux bonnes actions ce que la définition est à la classe des objets à définir.

Enfin le sens spécial selon lequel Socrate enseigne que la vertu est une et qu'elle peut s'apprendre répond exactement à la nature du général dans la dialectique socratique. Ce « général », en effet, n'a nullement une existence distincte, mais n'est que le continuel sous-entendu des discours des hommes ; et, puisé dans les notions communes relatives à la vie sociale et privée, il a nécessairement un caractère pratique en même temps que théorique.

## V

C'est ainsi que la dialectique et l'éthique socratiques se pénètrent et se déterminent l'une l'autre. L'idée des choses morales comme objet de science conduit Socrate à créer une méthode scientifique applicable à un tel objet. D'autre part, l'emploi de cette méthode réagit sur l'objet lui-même et lui donne une physionomie nouvelle. De l'élaboration de la forme en vue de l'objet est résultée la théorie de l'induction et de la définition pratiques ; de l'élaboration de l'objet au moyen de la forme est résultée la doctrine de la vertu placée dans l'observation réfléchie et libre des lois et maximes positives.

L'expression de « science morale » semble ainsi caractériser exactement et complètement l'œuvre de Socrate, pourvu qu'on entende par ces mots, non une morale fondée sur la science des choses en général, mais un effort de l'esprit humain pour constituer une science sans sortir du cercle des faits moraux eux-mêmes, et en se bornant à féconder l'expérience morale par un mode de réflexion approprié.

Là est vraiment le centre de la doctrine et le trait principal de la personne de Socrate.

Parce qu'il institue un ordre de recherches nouveau, il écarte et rejette les recherches de ses prédécesseurs. Tous les novateurs ont ce dédain du passé : il fait partie de la foi en leur mission.

Parce que sa conception de la science est exclusivement calculée en vue de la connaissance raisonnée des choses humaines, il dit avec Protagoras que la science n'atteint pas les choses divines. Mais, plus rigoureux dans ses raisonnements, il n'a pas l'impertinence de supprimer un objet donné, sous prétexte que notre intelligence ne le peut comprendre : il constate, au contraire, les limites de nos facultés au moment même où il en découvre la puissance ; et, fidèle à la religion de son pays, il se confie aux dieux en tout ce qui dépasse la portée de notre intelligence.

La croyance de Socrate à une mission apollinienne et aux avertissements surnaturels d'une divinité protectrice se concilie très bien avec cette doctrine, non moins attentive à respecter le domaine des dieux qu'à prendre possession de celui des hommes.

Que Socrate ait eu l'ambition de relever la fortune politique de sa cité par une réforme morale, c'est ce qui n'est que très naturel et légitime chez un homme qui avait su démêler les principes de la vertu et du succès dans les choses humaines, et à qui sa philosophie même donnait un nouveau motif de reconnaissance et d'attachement envers son pays.

Enfin, que Socrate ait subi la mort plutôt que de renoncer à mettre les Athéniens à l'épreuve pour les convaincre de leur ignorance, c'est, comme il nous le dit lui-même, la conséquence logique d'une doctrine qui place dans l'examen de soi-même le principe et la condition de tous les biens, et qui attend des dieux l'achèvement de ce que la sagesse humaine a commencé.

Des diverses préoccupations qui se manifestent chez Socrate, c'est bien l'idée de constituer la morale comme science qui est la principale ; car elle seule introduit l'harmonie et la lumière dans ce caractère en apparence bizarre et contradictoire. Elle seule nous explique comment Socrate est à la fois un croyant et un libre penseur, un homme positif et un spéculatif ; un homme de son pays et de son temps, toujours disposé à s'accommoder aux choses extérieures, et un homme replié sur lui-même, toujours maître de soi, obstinément jaloux de sa liberté et de son indépendance ; un aristocrate attaché au passé, méprisant pour le caprice populaire, et un révolutionnaire demandant que les fonctions soient données au plus instruit ; enfin, ce qui résume tout peut-être, à la fois un philosophe et un homme d'action.

L'idée de Socrate n'est pas seulement nouvelle et originale : elle a tenu une grande place dans l'histoire intellectuelle et morale de l'humanité. Ce rôle a été double : il s'est manifesté à la fois dans l'ordre des sciences théoriques et dans l'ordre des sciences pratiques.

En vain Socrate s'était-il scrupuleusement renfermé dans l'étude des choses humaines. La fécondité de sa méthode en cette matière et la conformité de cette méthode avec le génie grec la firent bientôt considérer comme applicable à tous les objets, même physiques et métaphysiques. Platon et Aristote proclamèrent le principe de Socrate : « Il n'y a de science que du général », comme régissant, non seulement la science des choses humaines, mais la science universelle.

Le syllogisme, ou raisonnement déductif en matière qualitative, forme dernière et définitive de la méthode socratique, fut considéré comme l'expression de la liaison des choses dans la nature elle-même. D'Aristote cette méthode passa aux scolastiques qui la faussèrent en substituant aux discours vivants des hommes que les Grecs avaient pris pour point de départ de leurs discussions le texte muet et figé de tel ou tel livre tenu pour la vérité elle-même. Cependant la science positive se développait peu à peu. Quand elle prit conscience d'elle-même, elle déclara, avec Bacon, que la science syllogistique n'était qu'une science de mots ; avec Descartes, que les essences générales des socratiques n'étaient que des fictions stériles, et que la science avait pour objet, non le général ou la qualité, mais les rapports de grandeur ou la quantité. Le progrès de la science a donné de plus en plus raison à Descartes, et l'on est tenté aujourd'hui de se demander si le principe socratique : « Il n'y a de science que du général », transporté comme il l'a été dans la recherche des lois de la nature, n'a pas égaré bien plus que servi l'esprit humain.

Quand même il en serait ainsi, Socrate n'en serait pas responsable, lui qui proscrivait la recherche des causes physiques, et ne prétendit qu'à constituer la science morale. Mais cette extension de la méthode socratique ne fut nullement une aberration de l'esprit humain. Avant de connaître les choses en elles-mêmes, il faut les connaître par rapport à nous ; et c'est cette connaissance provisoire indispensable que nous fournissent l'induction et la définition socratiques. Peut-être la quantité est-elle en toutes choses l'objet ultime que la science doit chercher. Mais elle ne saurait la considérer d'emblée : il lui faut d'abord définir les qualités qui en sont le support. En tout ordre de connaissances, l'emploi de la classification et de l'induction doit précéder l'application de l'analyse mathématique.

Quoi qu'il en soit, les scolastiques, avec leur science syllogistique, Platon et Aristote eux-mêmes, en tant qu'ils placent l'être même dans les objets de nos concepts, ne sont pas les vrais héritiers de Socrate. Ceux qu'il eût avoués, ce sont les philosophes qui, prenant pour point de départ l'observation des faits moraux de la nature humaine, ont cherché à constituer la morale comme une science distincte et se suffisant à elle-même. Le fruit le plus pur et le plus beau de la méthode socratique, c'est cette *Ethique à Nicomaque*, où, sans faire appel aux sciences physiques, sans demander à la métaphysique autre chose que l'élan de l'esprit et l'élévation du sentiment, Aristote a réduit en maximes ce que chaque homme ayant l'expérience de la vie pense confusément sur les conditions de la vertu et du bonheur. Et, dans cet ordre de recherche, l'influence de Socrate ne s'est pas bornée à l'antiquité. Lorsqu'après avoir suffi pendant quinze cents ans aux besoins moraux de l'humanité, la religion chrétienne commença à perdre de son empire sur les âmes, l'étude socratique de l'homme fut remise en honneur. On ne se contenta pas de démêler les secrets ressorts des actions humaines dans tel ou tel cas particulier, à la manière des moralistes. La morale fut de nouveau proclamée comme une science distincte, ayant son objet et sa méthode propres. On alla même si loin dans cette voie qu'une philosophie audacieuse, celle de Kant et de

Fichte, non contente de réclamer une place pour la science morale, commença par faire table rase de toute philosophie, pour que la morale pût sans entrave se constituer à sa guise, et ne voulut reconnaître d'autres droits aux sciences théoriques que ceux que leur conférerait la science morale ainsi organisée. Et bientôt, de même qu'autrefois Platon et Aristote avaient édifié une philosophie métaphysique sur la base de la morale socratique, on vit Fichte, Schelling et Hegel fonder sur la morale de Kant une nouvelle philosophie de l'absolu. Un moment compromise par l'excès même de ses prétentions, la science morale, en rentrant dans les limites que lui avait marquées Socrate, acquit une précision et une vitalité nouvelles. Nombreux sont, aujourd'hui même, ceux qui estiment que le temps n'est pas encore venu pour la morale, s'il doit jamais venir, de revêtir la même forme scientifique que la physique ou même les sciences naturelles, et que, néanmoins, la morale comporte autre chose que les particularités où se confine le moraliste ou les développements oratoires qui suffisent à l'homme d'action. La vérité sur ce point paraît être, aujourd'hui encore, que la morale a un domaine distinct, savoir l'ensemble des faits moraux de la nature humaine, une méthode propre, savoir l'induction et la définition qualitatives, et que, en s'enfermant modestement dans son domaine et en appropriant scrupuleusement ses moyens d'investigation à l'objet qu'elle étudie, elle peut atteindre, plus sûrement que par tout autre moyen, la double fin qu'elle a en vue : la connaissance et la direction de l'activité humaine. L'homme dont les idées sont le plus vivantes dans la société contemporaine, c'est Socrate.

www.ingramcontent.com/pod-product-compliance
Lightning Source LLC
LaVergne TN
LVHW022124080426
835511LV00007B/1014